# 善美求真

黄发科 —— 著

吉林人民出版社

图书在版编目(CIP)数据

善美求真 / 黄发科著. --长春：吉林人民出版社，2021.11

ISBN 978-7-206-18784-1

Ⅰ.①善… Ⅱ.①黄… Ⅲ.①教育研究 Ⅳ.①G40-03

中国版本图书馆 CIP 数据核字(2021)第 232064 号

## 善美求真

### SHAN MEI QIU ZHEN

著　　者：黄发科
责任编辑：孙　一　　　　　　　封面设计：书香力扬
出版发行：吉林人民出版社(长春市人民大街7548号　邮政编码：130022)
印　　刷：成都兴怡包装装潢有限公司
开　　本：710mm×1000mm　1/16
印　　张：12　　　　　　　　　字　　数：180千字
标准书号：ISBN 978-7-206-18784-1
版　　次：2021年11月第1版　　印　　次：2022年4月第1次印刷
定　　价：58.00元

如发现印装质量问题,影响阅读,请与出版社联系调换

# 前　言

善、善意、善行，指人心地仁爱，乐于助人。"人之初，性本善"，所以，善心也是初心、爱心，是美的。

江苏省模范教师王树堂先生说：年轻的时候不会教，等会教了，又老了。

人民教育家于漪先生说：自己一辈子做教师，一辈子学做教师。

我教了三十七年的书，有切身体会。每上完一堂课，总觉得意犹未尽；每送走一批学生，总留下遗憾，内心愧疚。所以，教育者当胸怀悲悯，心存敬畏，终生学习研究，走专业化发展之路。

专业化发展是件苦事，需要花费大量的时间，付出艰辛的劳动；专业化发展是件难事，社会的变革引发教育教学上的难题层出不穷，需要寻思面对，答疑解惑；而功利浮躁的社会诱惑很多，静下心来需要定力，上下求索需要动力。定力在哪？动力在哪？笔者认为，来自教育职责上的担当，更来自悲天悯人的情怀，来自成人之美的善良。

这种善良会转化成为人父母之爱，温暖，宽容，看得见学生的长处，容得下学生的短处，满怀着期望，从不言弃；事事殚精竭虑，勤勤恳恳劳动，享受给予的快乐，这种快乐能让人焕发教育激情，引发教学智慧，激发学生兴趣。

这种善良会转化为伙伴之爱，能够站在学生的角度观察和思考，懂得成长的烦恼，分享成长的快乐；想为学生所想，做为学生所做，心心相印，比肩同行，雨露阳光，润物无声。

这种善良还会转化为教师成长的自觉，爱观察、爱发现、爱学习、爱思考、爱实践、爱研究，在专业化成长中自觉探究，不断提高自己的思想和精神境界，提升自己的职业素养和水平，践行本真教育，助人健康成长。

医者仁心，仁心即善心，慈悲同情之心；医者有道，《古今医统》有"望闻问切四字，诚为医之纲领"。教学如行医，既要有仁心，又要有方法；要问诊课堂，问诊学生，还要问诊自己，做到明白事理，解决问题。

华东师范大学博士生导师、全国教育基本理论专业委员会副主任委员郑金洲先生在《教师如何做研究》一书中说："教师的教育研究应当把自己的教育教学活动作为研究对象，持续不断地对教育教学进行反思，从而汇总着自己的教育智慧，提升着自己的教育教学水平。"这里的教学活动应该包括教和学的活动，包括教和学的人在内。其研究就是行动研究。

行动研究是中小学教师教学研究的基本特征。行动中的案例带着教育的温度，反思凝聚着教师的智慧。回顾过去，笔者正是从善出发，在自问、他问、追问和答问中探寻教书育人的真理。故本书取名《善美求真》，以"问"为线，以"立德树人"为核，逻辑上分为"怀善念　问心无愧""行善教　问道求真""持善思　问底搜根""求善美　问径探幽"四个部分，通过对实践案例与反思的梳理、归纳、总结和提炼，形成理论纲目，以便明确行走的路径。

因笔者水平有限，缺点错误在所难免，敬请批评与指正！

作者<br>2020 年 12 月 8 日

# 目录 Contents

### 第一章　怀善念　问心无愧
　　第一节　问自己　　　　　　　　002
　　第二节　问他人　　　　　　　　010
　　第三节　问工作　　　　　　　　019

### 第二章　行善教　问道求真
　　第一节　教育目标　　　　　　　036
　　第二节　教育理念　　　　　　　043
　　第三节　教育对象　　　　　　　048
　　第四节　教育手段　　　　　　　054
　　第五节　教学尝试　　　　　　　060
　　第六节　教学创新　　　　　　　065
　　第七节　在线课堂　　　　　　　074
　　第八节　教学交流　　　　　　　078
　　第九节　加油充电　　　　　　　083

### 第三章　持善思　问底搜根
　　第一节　家　庭　　　　　　　　092
　　第二节　学　校　　　　　　　　101
　　第三节　社　会　　　　　　　　123

## 第四章 求善美 问径探幽

第一节 心理教育 128

第二节 教学探究 143

第三节 教学创新 159

第四节 团队建设 167

第五节 农村教育 175

## 第一章

**怀善念　问心无愧**　　善　美　求　真

01

• • •

　　教育工作的内涵十分丰富，外延也无比广大，做什么？怎么做？做多少？做多久？——从没有一个具体的标准来衡量教育工作的成败，因此人们才说"教育是良心工程"。然而，物欲横流，金钱至上冲蚀着道德底线，在价值观多元化时代，初心容易迷失，良心也难于坚守。但教师不同于常人，我们在工作中总是自觉、不停地要求自己，追问自己，试图寻求满意的答案来安慰良心。良心也是"量心"，好比我们的心里总放着一把尺子，量自己、量他人、量工作，反复权衡比较，以求问心无愧。人民教育家于漪先生说："我这一辈子有两把尺，一把尺子量别人的长处，一把尺子量自己的不足。在这种'比'和'量'的过程中，我总能找到自己的不足，总能学到别人的长处。"我们就是在这样的比量中成长进步的。

# 第一节　问自己

## 意志坚定：无悔的选择

　　下午，县文联有会议。作为文联委员，几年一次的会是没理由不参加的，据说有名牌定位，但我实在是脱不了身，只好请假，因为今天的事更为重要。

　　在教师、教研员之外，我又兼美协副主席和文联、摄协主办的"秀美肥东"网版主。在美协这一块，创建美协网站和QQ群、动员美术教师参与美协活动提高创作能力、牵线美协在县内外举办笔会、牵线美协义务送画送教到乡村学校、撰写美协总结等等；在摄协方面，偷闲在"秀美肥东"网教育版块和美协版块发帖回帖，组织学生参与摄协活动，兼职县文联"未来摄影家班"班主任，积极带领学生学习摄影，做这些都无分文报酬，但可忙中找乐。把美协和摄协当作教育生活的又一平台，发挥着社会教育大课堂的影响，感觉挺好的。

　　县教体局为弘扬热爱教育事业的奉献精神，拍摄系列访谈节目，第二期《特别关注》栏目邀请我为嘉宾，我义不容辞。我年过半百而知天命了，宣传自己已经没有什么意义，但可以让"一朵云推动另一朵云，一棵树摇动另一棵树"，传递微弱的正能量。

　　"鱼，我所欲也；熊掌，亦我所欲也。"鱼和熊掌不可兼得。小时候就做着画家梦，中师毕业又考入合肥师范学院美术系深造，还是放不下画家梦。在大学学习时，素描曾在班级并列第一、国画曾有班级第二的侥幸，油画创作基础也不是太差，版画也曾入选中国美协艺委会和教育部艺教委在北京举办的画展，自认为悟性不是一流但也并不太差，若是用心经营，二十多年来也定有小成。

但我一直认为，角色是教师，就要一心一意把学生教好；虽然专业创作上从不敢懈怠，但毕竟时间和精力有限，必须以教学为重，不能像少数人那样，为了画家梦而偏离了主业。这也受到了首都师范大学美术学院黄露博士的肯定，他认为美术教师的本分是教书育人，不是做画家，画画只能算业余爱好，这观点是对的。

虽然，我坚持读书、绘画，绘画理念能够紧跟时代，那些绘画功底在美术教学上基本应付自如，甚至从文化历史和生活角度对于美术的理解还超过一些只会埋头画画的画家，但不得不承认手上功夫不够，只能仰望名师。但做好教师也很光荣，主次是要分清楚的。牺牲一个"我"的同时也许能够成全无数个"他"的未来；若一心做画家，成就一个"我"，可能会牺牲了无数个"他"，我反对后一种极端的做法。

当然，做教师和做画家也并不是天生的一对矛盾，从某些方面来说还是相辅相成的。美术教师的艺术素养和水平同样决定了专业教学水平的高低，因此美术教师必须要在提高教学水平的同时提高创作水平。天津美术特级教师魏瑞江老师怀揣"一颗感恩心，一颗教师心，一颗画家心"，不仅在教学和教研上取得巨大成就，还多次举办个人作品展，是全国中小学美术教师队伍中少见的名教师和名画家"双肩挑"。他是中国基础美术教育界"南朱北魏"中的名角，标杆式的人物，是我们学习的榜样。

从教三十多年来，我专注教育教学的实践和探索，发表了四十多篇有关教育教学的文章，撰写了三本专著，多次获得全国和省市级"优秀指导教师"的表彰，也被评为安徽省特级教师，但在创作上花的时间太少，心中难免有些愧疚；三十多年后，在认真教学的同时再多花点工夫去创作也未尝不可。

近年来，版画《守望》在市委宣传部主办的"合肥市职工文化艺术节"中获得唯一的一等奖，《劳动者》获得安徽省第二届美术教师作品展优秀奖（最高奖），漫画《毒蛇》获得安徽省禁毒漫画大赛二等奖，这都增强了我创作的信心。热爱就多点付出，寻找我童年的画家梦。

选择教师我无悔。三十多年的教育积累，也许让我在课堂上游刃有余，但依然不可停下学习探索的脚步。在日薄西山之前，我想用画笔描绘满天的彩霞，把阳光染成美丽的金色，养眼、养心，这算是心灵的自白吧。

## 用心专一：人生该做好一件事

昨天和店埠学区丁立如校长聊天，说到我的博客，他说："像你这样，做好一件事，实在得很。"据说之前他曾把我的博客推荐给学区的美术教师学习。显然，他也是个实在人，一个细心的校长。

记得2001年7月，原县教育局局长王盛水在观摩小学生画展时就曾对我说过"人生想做好一件事很难"。是的，做好一件事很难，难就难在能否坚持，能否在孤独行走中坚持。

2013年，观摩"浙派名师暨全国名师经典课堂教学艺术展"，了解了几位美术特级教师的经历之后，我进一步认识到做好一件事中那种深刻的孤独。下面是我听课后写的一段随感：

在人声鼎沸的礼堂，热闹是必然的；当看到朱国华老师课前独自在检查学生用品时，我油然而生孤独之感，倒不是因为在这个千人瞩目的舞台上，他必须得一个人去战斗；而是因为他曾经和以后都独自与病魔的战斗、与自己内心的战斗、与庞大的世俗的战斗以及与匆匆流逝的时间的战斗等等。他从事业的起点走来，在开拓创新的教学研究中，一向沉浸在孤独的世界中，学习、思考、行动、总结，即使展示的时候，还是他一个人地面对。这种孤独，在成功的欢呼与掌声中也许更为深刻。这让我忽然想起朱自清《荷塘月色》中的那句话"热闹是它们的，我什么也没有"。

李正火老师的"无墙课堂"无疑一直是红火热闹的。但谁曾想到"花落无声的时刻，我记起妈妈曾对我说过，今天是我的生日。此刻，我无奈地躺在病床上，静静感慨由于自己与医生，光有热情，但缺乏健康知识与专业技能，几次耽误而使我生命的脉动渐微渐弱……我就这样飘离人间吗？要知我心里已画满了无数美妙的课境，我多想告诉孩子们人间真美"（选自李正火老师《叶落茶香》）。舍去后的获得，放下后的拾起，沉静后的放歌——也许正是对于生命即将离去的孤独与无奈的深刻体验，让李正火老师倍加珍惜生命的价值，对教育有如此的虔诚与尊敬，每每用充满激情和智慧的劳动让生命之火、创造之火、真善美之火在燃烧中发出夺目的光彩。

魏瑞江老师带着一大帮徒弟们行走在创新教学前沿，热热闹闹地享受着教育人生的快乐。他平和朴实的教学中内含深层的智慧和生命的活力，能让学生在温暖的微风细雨的沐浴中，享受着创造性思维的漫步与奇遇，让学生在被托起的升华中享受成功的快乐。一个人的展示，上千人的期待，那是需要多大的信心和勇气，需要多长时间的潜心修炼和积累。魏老师无疑是太极高手，他能在气定神闲中轻松地把孤独化解，转化为智慧的云，在云舒云卷下静待花开。

朱老师、魏老师和李老师给我精神力量，是我们美术教师共同的榜样。唯有不懈前行，才能实现王国维先生有关治学的至高境界。苏州大学朱永新教授在新作的自序中说："智者千虑，必有一失；愚者千虑，必有一得。一直走在教育的路上，如果我这沿途所得能够让你也有一点收获，我也就心满意足了。"人生若想做好一件事，就得围绕做好一件事而不懈努力。

岁月虽短，道路却还是很长。做好一件事很难，但初心就是动力，哪怕是步履蹒跚，只要坚定信念，守得住孤独，就一定能做好一件事。

## 行思坐想：不知道把心放哪儿

忙了一天的事，忘了自己的心还在跳。

妻和孩子在屋内走来走去，拾掇东西，为的是打点孩子明天上学的行李。我知道，妻忙忙碌碌，唠唠叨叨，为的是把春节团聚的温馨叠到孩子的拉杆箱里，明天被她带到那遥远的北国冰城，把又一次的失落留给我们。

平常小心翼翼地为着孩子的成长，但总觉得什么都没做好，欠着孩子的账。只是不愿意在孩子面前表现出来，装作胸有成竹、淡定自如的模样，似乎能做的已经尽力，其他只能靠自己——但我实际就是个马大哈，做教师时间长了，养成指手画脚的毛病，对孩子关心实在不够。最近偶然翻出孩子五年级时的作文：建议妈妈"少点啰唆"，要我"少点指手画脚"。可惜当时我就根本没有意识到，也没有看到她写的日记，现在后悔莫及。孩子读初中时，说是学校里有孩子老是给她添麻烦，她当时没有和我说过，只是现在才说，我那时愣是没发现她的心情变化。孩子到了高三后，说我天天围着别人的孩子转，唯独对她不关心，当时我回答她宏观上关心，具体到课程的学习上我也帮不上忙。现在看来主要还是平时和她交流太少，她当时年龄偏小压力却大，一个人的战斗难免孤独。现在也只能这样安慰自己：马马虎虎的老爸或能成就了她的坚强，读大学时独立生活能力和人际交往能力都得到了锻炼，还成了舞蹈队领头的；学习上更不用我操心了，春节回来已经为自己选择了考研的学校，主要任务就是看书，孩子自己在长大。但每每回忆起来，我的内心还是不得安宁，总是觉得欠着她还不清的账。

晚饭后跑去银行给孩子存折上存点钱，然后就泡在学生们的美术作品里。翻看着学生们的剪纸，难免想起课堂上她们那专心致志、一丝不苟的劲儿。记得班主任曾告诉我，学生迷上了剪纸，早读晚自习都不愿放手，当时我听了真高兴，只是办了那次展览后作品大多被哄抢了，没有拍出更多的剪纸照片来保存，很遗憾。学生们围着我合影让我倍感亲切，有人调侃说我是《红色娘子军》里的洪常青，带着一帮女兵——不假，这帮孩子还真服我，可惜相处时间太短，没能教给她们更多的东西。在整理她们零星的作品时，心里感到内疚和失落。教了三十多年的书，总觉得没教好，欠着孩子们的账，想起这些就无法心安，心没处放。

新学期来临，要对学生们好一点，让她们多学点东西。

也许天下父母都是这样的吧。做了父母的教师，阅历丰富了，明白做父母和做孩子都不容易，在学校时常产生角色错位，把别人的孩子当作自己的孩子，这应该是件好事，殚精竭虑地为学生好，累并快乐着。

静下来的时候，忽然意识到自己还有一颗心，游离在外，如何安放好它倒成了个问题，我只得暂且把它寄存在这琐碎的文字里，让自己晚上睡个好觉。

## 持之以恒：我心依旧

春节期间少不了亲友、学友的聚会，大家见我永远都是仙风道骨的清瘦样子，都说我是个爱操心的人，不会享受生活，建议我别总和自己过不去，要学会休闲养生。我知道自己看不破红尘俗事，做不到清心寡欲，总是要跟自己过不去，积习难改。新的一年万象更新，我心依旧。

我自认天生怀有悲天悯人之心。或出于遗传基因，更出于"贫下中农"家庭，我深刻体验过贫民生活的艰辛，也深刻理解"命运"两个字的内涵。时常感慨人在命运面前显得那么渺小和无力，无奈和可怜——尤其是身处金字塔底层家庭的孩子。我们无法改变孩子眼前的生活境遇，但有望点燃心灯，启迪智慧，引导他们走向希望……这就养成了从学生的角度去看问题、想问题的习惯。

"都市的柏油路太硬，踩不出足迹……"在仰望"官二代""富二代"

"星二代"的今天，让一穷二白的孩子去创业有多艰难。有人认为眼下的职业教育很难让人找到成就感，但我们不能自暴自弃，空怀悲天悯人之心，当小心翼翼地传授为人之道、为事之道，自觉勤勉，与人为善，予人希望。

必需的教师心。教师心不同于领导心：领导关注的是全盘工作，是远距离的光探照。有面，有线，细节或可以粗疏。教师心不同于家长心：家长关注的是一个学生个体，有点，但无线无面。领导和学生讲的是理，家长和学生讲的是情。教师就不一样，点、线、面得一把抓：既要从教书育人的全局考虑，又要照顾每个学生的具体特点进行因材施教；既要考虑班集体，又要照应每个学生；既要晓之以理，又要动之以情。这要讲究战略。

此外还要讲究战术。我们可以把课堂当教堂，将角色演绎成"传教士"，从未来发展角度为学生规划；可以把课堂当工厂，把角色演绎成手把手教人做事的工匠；可以把课堂当操场，将角色演绎成教练，规范学生的言行举止；可以把课堂当战场，将自己演绎成诸葛亮，调兵遣将，三十六计全用上。无论哪种角色，都要审时度势，随机应变，既要把握大局，又要做好细节。这样做虽然劳心劳力，但却能换来自我价值的实现，也是一种快乐。

换位的父母心。天下父母心最为辛苦，为孩子的健康牵挂，为孩子的学习担忧，为孩子的发展纠结，永远没完没了。身为教师，我时常不自觉地站在孩子父母的角度来考虑问题，这样就容易看到孩子的优点，及时给孩子成长动力；就能宽容孩子，允许孩子犯错误；就会对孩子满怀期望，从不放弃；就能为孩子发展考虑，殚精竭虑。

拥有一颗父母心不会感觉累，因为总认为付出是应该的，是快乐的。这种快乐能让人产生教学激情，教学激情能引发教学智慧，教学智慧能激发学生学习兴趣，学习兴趣能催化有效教学，教学在良性循环中其乐融融——父母心成就了教师心。其实，教师和孩子父母本是心连心的。

偏执的事业心。"事业"可以理解为以"事"为"业"，即把教书当作必须做好的事。人活着总要做些事，走到教书这条路上是天意，继续做下去也是本分。即使做的都是小事，成不了大气候，但毕竟也是堂堂正正的职业，拿着国家的俸禄，受着别人的尊重，我们不可懈怠。

教书也是成就别人的好事。"望子成龙，望女成凤。"谁不希望自己的孩子有出息？"一日为师终身为父"，把别人的孩子当作自己的孩子，就增强了教书的责任感，不敢懈怠。

教书还是兴校之事。"皮之不存，毛将焉附？"学校是个大家庭，自己是其中的一员，家庭的兴衰也与我们息息相关，教好了学生就能让这个大家庭在激烈的社会竞争中立于不败之地，不敢懈怠。

教书更是兴国大事。教育乃强国之本，少年强则国强，国家的强盛终究要依赖教育的兴旺。国家把学校划为事业单位，这里"事业"的意思或许就源于此。我们就更不敢懈怠了。

以"事"为业能让我们在耕耘中收获快乐，在付出中收获爱戴。把职业当作事业，能让我们进一步发掘自己的智慧和能力，收获满满。

不老的顽童心。务实是要讲求功效，务虚是要有精神追求。人活着既要务实，也要务虚。我认为人生不可虚度，但人也要善于"虚"度。

教学之余，我们可以玩玩笔墨，横涂竖抹来几笔，放松紧张的心情；可以玩玩相机，东张西望拍几张，凝固美好的瞬间；可以做做根雕，河边堤下捡几个，激活枯根的生命；还可以玩玩石头，天南地北找几块，膜拜天地的造化——自得其乐尔！眼下，足不出户，宅在家里也有得玩。在微信、头条、公众号里，写点短句记录教学感悟，诌几句打油诗排遣一时的寂寞，发几张图片晒晒愉悦心情，既当作者又当编辑，做个不老的精神顽童岂不快哉？

没事找着乐。

生命在于运动，养生包含养身和养心，饮食、睡眠、锻炼等养生方面的学问大家都懂，但养心的学问很多人就不明白。养身可以先养心，养生就要养好心。也许，我操的这些心也是一种动态的养心之法，给自己找到了理由，那就我心依旧吧，瘦又怎样？省了减肥的折腾——何乐而不为？

# 第二节　问他人

## 专家肯定：感动与感恩

  市名师工作室已经授牌，因思虑揭牌典礼和工作开展等事宜，中午浏览浙江省著名特级教师"无墙课堂"李正火老师博客，想找点资料，忽然想起近来撰文常写到他，就将这些短文链接找出来发给他，算是对他的"无墙课堂"影响之久远的印证。

  短文里的《忘不了的课堂和感动》《孤独酝酿的教育正能量》等是三年前听课后写的，《一辈子，一节课》《蹲下来教书，天天是"六一"》《守望在希望的田野上》《课前热身也热心》等是近期写的。2013年，观摩过他在"浙派名师暨全国名师经典课堂教学艺术展"上的示范课，在上千的人群里，至少有人至今念念不忘，总是在教育随笔中从不同角度提起。

  李老师在微信里回复："刚从区小学音乐美术学科带头人课堂评比的热潮中归来，读着你的文字，不仅仅是激动了。"

  他的语言真是优美：

  我仰望而惊喜地停靠在你的港湾，听着你用笔述说着远方的课堂。那是你用大地般厚重而坚实的脚印，铭刻下平常而非常的教学思想；那是天穹里自在的云朵，载着希望的歌声，放飞教学的梦怀；那是遥远的故土，怀揣温情的热泪，把基础教学家常课堂化作达·芬奇的画布，用作袁隆平的实验田，成为弘一法师的念珠，传承着教育家般的智慧灯火……

李老师的语言一贯饱含热情，富有诗意，他的课堂教学语言整理出来就是一篇抒情散文。这段话是客套地褒奖，但能看出他愉快的心情。对我唐突的造访，李老师显然感到意外，意外中又是一份点燃心灯后的惊喜。

我将你的教学随笔转发于我区广大音乐美术教师的群上，希望以此激励我和我们老师！我这样敲打：我被这位默默无闻地研究课堂、感悟课堂、记录教学随笔的老师感动了，现在这个时代，虽然我们天天在课堂，但有多少老师将生命融于课堂，将思考潜入课堂，用手指敲下教学思想与交流的心跳？你们还经常写教学案例与教学随笔吗？……我为远方的老师朋友感动！

李老师把我们在对话中的感想、感动又辐射到教师群里发挥影响。

唐突的造访，又是一次心灵的交流，倍感亲切，相互感动。

学有所悟，教有所思。在日常教育教学探索中，单打独斗、闭门造车免不了心存疑惑，徘徊不前；以名师思想和精神为标杆，在名师课堂的验证中寻找智慧和动力，这样的学习进步最快；同伴抱团取暖所获得的精神力量非其他所能代替。

在物欲横流、价值观多元的时代，与同道相随，与智者为伍，必是明智的选择。信仰是什么？是从业的良心与善行；朋友是什么，是人生航行的灯塔与加油站；价值是什么，是工作中用劳动创造的快乐。

当我们迷茫的时候，聊天、读文，在师友的召唤中找到方向，在师友的温暖中酝酿力量，在师友的言行中获得启迪。

李老师的学问博古通今，曾有教育部艺体司领导称他为"江南才子"，他已经把自己的教育思想、智慧和敬业精神植入著作里，播种在广袤的美术教育土壤中开花结果。繁忙的工作之余,他不忘潜心研究佛学、书画和太极等,动静结合,超然脱俗,大隐于市,用行为诠释着修身养性之道。做学生满意的老师,做自己满意的自己,这两者时常存在着矛盾冲突,但李老师巧妙地处理好其中的关系,相辅相成,相映生辉,令人敬佩之至。

良师益友是读不完的好书,取不尽的好资源。缘分馈赠,除了感动,还有感恩。

## 同事认同:四问百度说情怀

今天,已经有三个人在我身上贴上"情怀"的标签,先是县教体局吴友邦副局长,后是市教科院费维重副院长,他们是在市名师工作室年度考核总结会上给我的褒奖和激励;再是浙江衢州某名师工作室小友"笨笨",去年在珠海全国名师工作室峰会上认识,晚上她在我朋友圈给的点评"你是个有情怀的老师"。

记得一年前,本校有一善做学问的女同事曾在聊天中这样说过我,当时不怎么在意,觉得就是个网络流行词,比如"坚强领导""供给侧""获得感"——乃至今天刚学到的"不拒绝"之类,时尚跟风而已。既然大家都这么说,我该查查"情怀"是个啥意思,给自己诊断一下了。

百度的基本解释是:一种高尚的心境、情趣和胸怀。以人的情感为基础与所发生的情绪相对应。

这一查,把我吓着了。高尚的心情、情趣和胸怀?我?

再问百度:高尚,基本意思是道德水平高,有意义的,不是低级趣味的。

教师一个,平民一个,小草一棵,靠劳动挣薪水养家糊口,能吃苦耐劳;虽说很多时候能换位思考,愿意竭力付出,不占小便宜,不损人利己,从不敢奢望做"高尚"的人。

三问百度:情趣,指志趣,志向或情调趣味。有时也指情意。

这个说法有点对路。爱玩，毕竟绘画、摄影、根雕、奇石、作文，样样都沾上一点，虽说没多大作为却也玩得开心。值得一提的是，作为职业教书人，至今没有"干一行，厌一行"的倦怠感，乐此不疲，嘻嘻哈哈，和孩子们混得像家人似的，上课有时不像个老师，或像个爷爷，或像个小学生，哄得一些孩子见我后那小脸笑得像一朵花似的，让我享受很多为师的乐趣。这些算是有情趣和情意了。

四问百度：胸怀，指一个人的胸襟、气度。

从生理上说，我是个偏瘦的人，胸怀不大，遗传基因所然；而我还有个熬夜的恶习，更胖不了。母亲在世时，很想长富态一点让她心宽，可惜没实现她老人家的心愿，现在就是努力长胖也没啥意思，索性赚个"老来瘦"也不亏，全民发福，我自留守。

从心理上说，年轻的时候遇事爱计较，眼下过了"知天命"往"顺耳"狂奔了，渐渐看破人事，不再任性，但在职业上还喜欢跟自己过不去，爱做、爱想、爱写，有时洗脸刷牙还在想着教学的事；而熬夜也成了多年的习惯，不到夜深人静，写不出有温度和灵性的文字。做多了就会想多，想多了就会多写，恶性循环，虽说也能享受其乐，但爱折腾哪得心宽？

如此看来，高尚、情趣、胸怀三个关键词有两个不适合我，情怀拒绝我也。

但，我不拒绝"情怀"。大家都欣赏它，喜爱它，我也跟风随大流。

今天的会上，吴局长要求工作室成员"不拒绝成长"，语气温和委婉而肯定，这是首次听到"拒绝"一词；巧在晚上看到首师大黄露博士转发的微信截图中又出现"拒绝"一词："我一直做着一个理智的旁观者，但不代表我拒绝学习，拒绝科学发展。"看来"拒绝"一词是时尚的，是生活的。

于是，就"拒绝"来说说"不拒绝"，享受一下语言文字的情趣。

## 学生至上：总结总在纠结中

班级工作总结，总在许多纠结中。这学期班级工作除了常规管理以外，最具有价值的举措无外乎四点：

其一，在走进大课堂上。上学期学生学习上的消极表现让我意识到，中职学校老套的教学内容和方式很难激发学生学习兴趣，必须要借助生动活泼的社会课堂予以补充，所以期末我就将有关本地"年文化风俗习惯"的社会调查作为学生的寒假作业。年初，恰逢县摄影家协会2014年年会，我动员学生参与，并利用休息时间带她们彩排与演出，学生们在互动中看了、唱了、跳了，被浓郁的艺术氛围感染了，也喝了、吃了、摸到奖品了，还和教育局领导集体留影了，玩得开心心。这次活动不仅激发了学生参与社会文化艺术活动的兴趣，更激发了她们学习艺术的热情。活动图片被校报刊载，并被推荐到中国教育新闻网首页的热图栏目上，按说这些都是让人愉快的事。晚上摄影家协会领导留下了四个表现积极的学生聚餐，饭后她们竟然顺手带走别人钓的鱼，不打招呼便有偷窃之嫌，让我始料不及。协会里的朋友只是说说，并未追究，但我惭愧不已——过去学生有些不良的习惯没引起我的重视，难免纠结。

其二，在学习做老师上。在各学科中，因学生们对舞蹈课的兴趣相对浓厚一些，我以此为突破口，要求学生分成若干组，每组推荐一名学生领头，通过自学、自编、自排舞蹈节目来培养学生养成探究学习和合作学习的习惯。陆同学和黄同学的组表现较好，她俩能自己找来视频自学，练熟以后再教其他同学；同时，还能主动利用课余时间组织学生练习，完全充当了老师的角色。这个过程能让她们发现学习真谛，找到学习自信，领悟陶行知先生"行是知之始，知是行之成"的道理。陆同学小组的舞蹈在校园舞蹈比赛中还得了奖。但是，因我工作不够细致，加之组织工作不力，班级有一部分同学没有参与，美中不足。

其三，在学做班主任上。为了让学生感悟责任意识和管理意识，适应未来发展，我让学生两人一组，按座位顺序轮流值日，负责记录学生出勤、课堂表现、劳动卫生等情况，处理力所能及的各项事务。学生们能够按部就班地记录、打分，班务日志眉目清楚。学生们过去都是学习上的差生，在应试教育主导的九年制义务教育中基本当不上班干，难以体验管理上的责任感，所以这种尝试对于她们来说是很有意义的。不过，部分学生班集体意识淡薄，对于班级事务的处理消极应付，缺少热情和信心，这就给活动效果打了折扣。中职生很多人疏懒懈怠，缺少活力和激情，需要在各种活动中唤醒，我们在活动设计上还得多想办法。

其四，在练习小演讲上。也是因为学生过去成绩差，在集体活动中很难有机会发言。本学期，我利用晚自习和早读期间让学生轮流上讲台小演讲，内容自定，三五分钟不限，着重于锻炼学生的心理素质和语言表达能力，为未来的幼教工作做打算。学生们从拘谨到大方，从磕巴到流畅，从讲得少到讲得多，不仅得到了应有的锻炼，还促进了交流，一举多得。因学生语文基础不好，语言表达的精准度自然不高，需要从阅读和写作入手加强基本功练习。但是，学生宁愿"捧着手机当饭碗"也不愿从图书馆借书来读。上学期帮学生办的借书证，不少人就偷偷地退了押金。如何培养阅读兴趣？

总结总在纠结中，中职学校的班级管理唱的是"永"叹调啊！工作不够理想，不够如意。也许，无缺憾不教育，就让缺憾与我们美好的教育理想共存吧。作为班主任，要保持的应该是对自己严厉一点，对学生宽容一点，努力多做一点，做好一点，即使改变不了学生的今天，但教育的影响是长久的，也许能改变学生的明天。

## 家长认可：我的家访之"最"

大多数老师都有过家访的经历，也深知家访对于促进家校关系的融洽和学生成长的意义。最近我市发动"万名教师进万家"的家访活动勾起了我对家访的记忆。

## 走得最远的家访

三十年前，我工作不久，当时在一所乡中教初二语文，虽然不是班主任，但课余和学生关系十分密切，班里的 L 同学每次作文的篇幅都写得不短，语言也比较流畅，有一定的写作基础，我对他抱有很大的希望。可惜他学习积极性不高，有段时间情绪十分消极，我屡次找他谈心都没见什么成效，因此想到他家里去看看。我把想法和教导处 Z 主任谈了后，他愿意陪我一道。那时条件有限，我们连个自行车都没有，就顺着乡间土路步行前往，走了近二十里路才找到学生的家。原来，他的家庭困难，想辍学找点事做，为父母减轻负担，家长也同意他的想法。了解这个情况后，我们和家长谈了很多，最后争取了支持，也打消了 L 同学退学的念头。

## 最及时的家访

2008 年冬天，我带高考美术班的课，当时已经逼近省专业联考时间，上午文化课，下午和晚上都是美术专业训练。下午上课时，我见 W 同学没来，就问她的同桌，回答是生病了。学生感冒请假也比较正常，我就没在意。晚上，见她还没来，我又问，回答是"一天没看见她出门"。她们租房在校外村庄的一个院子里，按理说应该能看见她的出入。晚上放学已经 11 点多了，我让她的同学带我找到她，她竟然一天没吃饭，她的体质本来就不好，导致虚弱得连路都走不动了。我赶紧联系她的班主任找到她家里的电话，并通过她的爷爷再联系上她的父亲，希望在考前这个关键时间对孩子多关心一点，她的家人第二天就过来照料她，让她很快恢复了健康，孩子当年也考上了美术本科。那次若是疏忽大意，后果可能比较严重。

## 最囧的家访

二十年前，我当中等师范美术班专业的班主任。当时班里有位 W 同学乒乓球打得很棒，我让他做乒乓球小组组长，他的积极性非常高，也因为课余打球与外班学生发生纠纷，受了轻伤在家休养，我很内疚，就与本班体育老师一道乘车去看望他。他的父亲在当地是位能人，颇有江湖义气，到了中午坚决不放我们走，还找来几个人陪着，那敬酒十分执着，弄得我十分尴尬，幸亏有体育老师担着，不然会"站着进去，躺着出来了"。有了这个教训，后来我再也不敢饭前到学生家去家访了。家访慰问给了学生安慰和鼓舞，他后来再也没有和别人闹纠纷，当教师后还培养了很多热爱乒乓球的小学生，在县里屡屡得奖。

## 最近的家访

带初中美术时，已上初三的 X 同学说自己中考成绩可能不过 300 分，打算走美术之路。我很惊诧，这孩子有天分，漫画人物画得很神，不看书就能随意勾画人体造型，曲线很美，比例也比较准确，很多大学毕业的美术生也不一定能做得到；她画画时少言寡语，特专心静心，是个好苗子，若中考不过 300 分，文化基础就太差了。其中一定有原因，得想办法补救。当时在场人多，我没有细问，就和她家人约好，决定晚饭后到她家去看看。

到了现场，我很快就找到了原因。她爱在客厅的饭桌上做作业，还面对大门，家里的人走来走去很不安定，造成注意力难以集中，因此学习效率很低。针对这种情况，我首先建议她到相对安静的书房去学习，还给出如何集中注意力和系统有效复习功课的方法，以此提高学习效率。

我在中国教育新闻网桃李社区发出《"点赞"万名教师进万家》帖子后，几乎所有老师都表示支持，其中"桃之夭夭"老师跟帖说："记得小时候班主任来家访让我激动了好几天！"我想放假了，每个孩子都在盼望老师的来临，哪怕是个电话、微信，一句短短的问候！他会想：老师还是在意我的！家长会说："老师是负责任的！唯愿教师能真正走进万家！"是啊，过去，我们做学生时都很在乎老师的"在意"。一次家访，一个在意，也许就是老师对学生一生的鼓舞和激励！

著名特级教师李镇西老师在《克拉克的"秘密武器"》一文中，对美国青年教师克拉克的热血行为十分赞赏，不惜用"伟大"两个庄严而神圣的字眼来形容。克拉克的热血言行很多，其中就包括家访——"走进学生的家里，帮学生辅导学习，甚至为学生做饭。"克拉克的家访怎能不悄悄改变学生的内心世界，并给予学生改变自己的力量？

我支持"万名教师进万家"家访活动！

# 第三节　问工作

## 谋划在前：正月里来整装再出发

教了这么多年书，多少是带着想法的，就是想教好，想让学生们多学一点，学好一点；也多少积攒了一些经验。虽说没做出什么成绩，却也童心不老，热情不减，不知职业倦怠为何物。这也许和我的"自恋"有关，喜欢把人和事想得好一点、想得美一点，喜欢经常晒晒在教海边拾得的"小贝壳"，赏心悦目，沾沾自喜。年前写了县美协的总结，也写了县美术教研工作的小结，只是不像往年一样写自己的事，年后总觉得有件什么事情没做，还是要写上几句给自己吹上一缕春风，铺垫一下新春的心情，期待一路顺风。

过去的一年依然是匆匆忙忙，杂乱无章，若说有线索可理，那也只能用"升级"两个字。

先是学习平台的升级。杭州"千课万人"美术教育大会、上海第五届世界华人美术教育大会和中央美院承办的全国中学美术教研员培训都算是最高级别的学习平台，有幸参加这些学习活动，收获的不仅是眼界，还有境界，更有同道给予的激励和鼓舞。

再是工作上的升级。先说远的，送培送教微讲座走进了"邻居"长丰县，教学经验分享走进了安徽师范大学教师培训班，也走上了华东师范大学的

"第五届世界华人美术教育大会"圆桌交流平台，同时论文入选了文集正式出版，没有裹足不前。再说近的，县美术名师工作室的成立和相关市级课题的立项更明确了眼下的工作目标，入选省首批美术教师培训专家库更意味着市学科带头人、省中职专业带头人中"带"字的现实意义。惹得首师大黄露博士在看到这个消息后给了三个赞，还加上一句"严重恭贺！"他是我在首师大国培班的班主任；有人默默地关注，是压力，也是学习、实践与思考的动力。

最后是创作上的升级。漫画《毒蛇》获得了安徽省禁毒漫画大赛二等奖，被推荐为教师代表上台领奖。油画《守望》和《船》在县里举办的"在水一方"专题展出以后，受到对油画颇有研究的县委书记和宣传部部长的褒奖，书记还特地找我过去，在一大拨领导的围观中聊了一会画事，颇有"受宠若惊"之感。这两次匆忙的应景式创作，想少画一点、画快一点，但又要有所表达，让我顿悟"减法"和"想法"在创作中的重要作用。

还有一个荣誉上的升级是"特级教师"。中等师范学校毕业前，边实习边琢磨当时全国著名特级教师于漪老师的课堂教学实录，后来又阅读了著名语文特级教师魏书生、李镇西等老师的著作，再后来交了李正火、魏瑞江、朱光华等美术特级教师朋友，一直仰望星空，勤勉劳作。而今心想事成，自己也获得此项殊荣，如在梦中。

"年难过，年难过，年年难过；事必成，事必成，事事必成。"每年年终盘点，总觉得愧对学生和自己；每年新春开学，我又满怀着期待和梦想，就这样年复一年地过，脚步不停地向前走——教育这条路有起点没有终点，但愿走过的都变成记忆中的风景。

一年早打算，回顾写了那么多，看来就是为今年充气加油吧。马蹄声近，新年打算也该摆上台面了。该做的要尽心尽力，不该做的要勇于说"不"，白驹过隙，岁月不饶人。

**一、理清思路做专题，推广创新**

眼下对于"小学生漫画创编"的研究已经基本实现了既定目标，给孩子一个题目，他们就能自编自创，弄出整页或是整本的漫画来；另一项是我的根雕创作与教学实践，也颇见成效，需要认真总结。常言道"十年磨一剑"，这两件事做了十多年，该是结果子的时候了。

### 二、和颜悦色待学生，润物无声

半年班主任让我清醒地意识到：在职业学校，带生绝不是带兵，严肃不行；眼睛要能揉得下沙子，胸怀要宽广得足以跑马。耐心就是方法、经验，耐心就是成功，耐心可以让爱心和热情转化为真正的教书育人的正能量。今晚给每个学生发了个信息，提醒她们用学过的团花剪纸技巧剪窗花迎新年，也送了新年祝福；另外，给她们的家长也发了祝福信息，并给了孩子以正面的评价，希望家长助一臂之力。这就算个开端吧。

### 三、做好学科带头人，引领八骏

以身作则，做好教研员工作。以教研活动为抓手，分别开展中小学课堂教学研讨活动，继续为积极向上的青年教师搭建教研平台，进一步完善肥东教研网的展示、交流、激励和引领功能。继续深入古城学区中心校进行义务支教，在乡村美术教育实践中汲取有效经验并加以推广，营造浓厚的乡村美术教育氛围，促进我县美术教育改革的发展。希望用好"美术名师工作室"，特别是对上年度被评为市骨干教师的8人更要加强督促引导，让"一片云推动另一片云"，加快美术骨干教师团队专业化成长的步伐。

### 四、业余时间搞创作，国画为先

大学期间学过国画，毛笔虽然一直没有丢过，但用功太少。国画之"笔墨游戏"本就是修身养性之事，凝神聚气也颇有气功的健身效果。国画中的禅意是人生最高境界的表达，在此方面做个小学生，好好努力。

### 五、睡前饭后码文字，自得其乐

对于生活和教育的感悟还应该写出来，思想只有在写的过程中才得以沉淀，在交流的过程中得以升华。走进中国教育新闻网互动社区，感觉十分亲切，这里有热心、敬业、睿智的官方管理员，有爱教育、爱思考、爱写作的教育朋友，更不乏教育界名师；这里是把握教育新动向、传播教育新思想和新经验的好地方。

### 六、美协摄协尽义务，也要参与

朋友多快乐也多。作为县美协的副主席、县摄协的官网版主和"未来摄影家班"班主任，在不影响学校工作的前提下尽力参与各项活动，同时也利用好这两方面的平台，为美术教师的专业展示交流以及学生的艺术兴趣培养做些有意义的事。在美协方面，继续争取刘主席的同意，义务送画进校园；发动美术教师积极参与画展，提高自身业务素质。在摄协方面，鼓励各校美术教师和摄影爱好者加入摄影家协会，并积极向"秀美肥东"网站投稿，进一步活跃网站气氛，营造全县文化艺术氛围。

### 七、深入调研写提案，尽职尽责

年底，我交了四份提案，包含《关于加强长临古镇文化内涵建设的三点建议》《关于普及和完善中小学校史陈列室的构想》等，还打算在幼儿教师过渡性培养办法和现阶段职业教育管理与策略两方面分别做更深入的调查研究，写出高质量的政协提案，做合格乃至优秀的政协委员。

喜欢没事找着乐。希望在新的一年里继续做好里里外外的小事情，收获教育人生的小快乐，收获草民的"小确幸"。

作为教师，首先要安排好教学。这学期带简笔画课程，看起来似乎是老调重弹，却想弹出和声与变奏曲来，为学生生命之舞伴奏，张扬青春的活力，把个"简"字做"繁"，把小小的简笔画放大做，渗透到学生学习与生活的方方面面——我期待着新的发现。

繁，不仅指的是从静物到植物、风景、动物、人物及综合，更要在内容和故事创编上做足文章，让学生做到信心十足、深谙规律、基础扎实、手法熟练、举一反三，实现潜力的挖掘、造型能力提升到艺术创想的大跨越，这里包含的东西很多。

#### 首先是教法上的"不择手段"

无外乎"'装疯卖傻'逗你玩，贴上标签多点赞，'哄吓诈骗'全用上，快乐学习做神仙"。老顽童带小顽童，教师的心态决定着学生的心态，阳光一点、快乐一点，对学生的做人和做事、今天和明天会有积极深刻的影响。

**其次，翻转课堂是必须的**

在去年试验的基础上要做得更完善一点，包括课前工具材料的充分准备、导学要求的详细严格，课上学生的分工协作、活动过程的记录保存，课后的反思总结与提升、资料的分类与整理，等等。把学生推到前台，让她们在活动中发现自己、肯定自己，在体验中总结学习经验和规律，促进学习兴趣和能力的提高。

**再次是绘画表现形式的拓展**

过去的简笔画教学常受工具材料的局限，一学期一支笔就能搞定。这学期要在学生具备一定的造型能力后，尝试水彩、水粉、版画、国画、泥塑、纸工、综合材料等绘画类型的学习，让学生从简到繁尝试各种表现形式，开阔眼界拓宽知识面，因此在开学之初就必须严格要求，让学生认真备好各种工具材料。

**还有，课外活动方式的多样**

名师工作室可以一室三用，除名师团队活动、县域美术教研活动外，还可以当作美术兴趣社团课余活动场所，有了相应的硬件设施，就能做得更丰富多彩，说不定校本教材的研制就可以从这里起步。用好学生的手机，手机摄影没得说，搜索素材更方便，微信、QQ空间又可以随时展示交流。展赛活动是必要的，开学之初立即准备组织学生参加省邮票设计大赛，以活动带行动往往更能激发兴趣。尽量多组织学生旁听县摄影家协会举办的"摄影大讲堂"，免费的午餐不可错过。

新学期憧憬着新希望，期待着新发现，就要迎来新面孔，老先生也会开发新课程。

## 乐于实践：做不完的事，写不完的字

### 做不完的事

从寒假到现在，一直没有个歇时，总有忙不完的事。写总结、编册子、整理材料等等，做网上画展耗去的时间最多，选画、分类、拍摄、制作、上传……连三十晚上的时间都搭上了，往年年三十免不了要给亲朋好友发个迎新祝福信息，今年也就没顾上了，急性子的人总想一口气把事情做完，而这些事永远是没完没了的。

眼下，这边忙着县美术名师工作室在网上落户，建博客框架、做网页设计、传团队资料；接着还要在校园安家，找场子、做布置等等，待早日挂牌，开展各类活动，而市级课题研究又待结题；那边通知又来了，下周市初中美术培训基地送教送培有我的微讲座、要参加市政协学习培训会……不知还有哪些事情在悄然张望。书桌上的相机落了一层灰，复式层上半成品的根雕还等着细加工，忙得充实却无序。

## 写不完的字

有做不完的事，就有了写不完的字。不说给摄影和根雕配个打油诗，读某教育名家时文引起的反思自省，校风校貌引发的思考与畅想，师生言行举止带来的启示与回味，学生空间动态更新留下的互动与品评，单就教学故事和反思与总结就够写的。一句话、一个表情、一个动作里面就容纳着许多可写的文字。不怕没写的，就怕没看的、没做的，看了做了就有感受，就有想法，就有话说。写作的好坏不是玩文字游戏，有鲜活的事实、有真情实感写出来才是真写，才叫写真，才免得制造空虚无用的文字垃圾。而当下的教育行业里值得写的太多了，哪怕是点滴思考，写出来给自己提个醒也算有用。

## 真爱这块地

写来写去，我发现自己的视力越来越弱了，虽和年龄有关，但电脑辐射是重要的推手。曾提出"常出去转转"，用相机捕光捉影可以，用斧子化腐朽为神奇可以，用画笔挥洒情感可以，这些都是养心之功；而放松心情漫步于乡间小路，呼几口清新的空气，活动活动筋骨，站一会儿健身桩，这些是养生之道。人很多时候都在寻找真实的自己，反顾自己这么多年来的作为，发现自己真爱杏坛这块热土，外边热闹又浮躁，这儿需要沉下心来坚守。

## 分享成果：三十和十三的那些事

20岁从教，算起来整整三十年了，又恰逢第三十个教师节，这种巧合难免让我心生种种妄想来，妄想变为呓语，就当是梦游之中了——不是说"人生如梦"吗？

人人都有梦，人人每天又都活在自己的梦中。罗贯中在《三国志通俗演义》卷八《定三分亮出茅庐》中有诗曰："大梦谁先觉，平生我自知，草堂春睡足，窗外日迟迟。"这是表现诸葛亮超然物外的生活状态，淡泊明志、宁静致远的大智大贤者气度，现实生活中谁能与之相比？

处于生存危机的世界中，草民们为了活得有尊严一点，虽不说蝇营狗苟但也要忙忙碌碌才能对得起自己和家人。忙终归于忙，闲暇时分还是忘不了说梦，有时夜间也忘不了做梦，但写出自己梦想的人却很少。我便算一个既说梦，又做梦，还爱写梦的人。尽管我们不可能从现实跨入美梦之中，但说一说、做一做、写一写或许能让我们享受到梦游的快乐，安慰一下疲惫的心，养一养精神，这不够了？

绕了半天还是言归正传。

教育部中职生"文明风采"大赛已经办了十一届，我曾指导学生参加过几届，首次获奖等级为安徽省之最，获奖数占全省大半壁江山，《合肥晚报》做了报道，学校又请来了县电视台做新闻专访。第二次、第三次参加，成果都很出色。但这不是坐在家里就能获得的，课余走到哪里都寻寻觅觅，有了灵感就找来学生，说主题、道创意、选角度、取构图、教方法……忙得不亦乐乎，甚至晚上还带着学生跑到校外大桥工地拍摄工人加班场面，让学生了解劳动养家的艰辛，一举两得呀。学校不提供相机，学生又买不起相机，那就用我的，反正把这事就当个玩，这种玩法既可哄得学生开心，也可哄得自己开心，也是一举两得的事。

虽然我希望学生都爱摄影，但有的职教班孩子惰性太强，天气热一点或是冷一点都不愿出门，"以理服人"无果再"以情动人"，勉强让少数人愿意跟着我去转。跑累了不算，片子拍出来还要选片、剪辑、调整色度，晚上在家还得忙活一阵子，赔时间、赔精力、赔电费，再后边是跑出去扩印照片，不是一般人想的那么简单。

就这顿忙活，把"三十"和"十三"联系上了。"十三"是什么意思呢？

教师节前夕，市里公布了"文明风采"比赛的结果，我的学生7人获了一等奖，3人获了二等奖，3人获了三等奖。这获奖人数加起来不正好是十三吗？在传统文化里，三是个概述，泛指很多，如"三人行必有我师"中的"三人"指的是"很多人"。所以我比较喜欢"三"这个数字。前年我曾写过《一个"三"和三个"一"》的故事，今年赶巧，又逢"三"字，于是望文生义，说道说道。

在我从教三十年之际，这十三份奖励是送给我的教师节特殊礼物吗？

也许，学生得了奖更能提起兴趣，爱上摄影那是一辈子的快乐，好的开端是成功的开始，这多好啊！

今年过节不收礼，收礼就收学生奖状喽！这可不是梦，是真的。

学生张同学是我十三年前的学生，考编后在我的母校杨塘中学教美术，今年参加县城实验小学招聘考试，考上后邀请我这辅导老师小聚，在场的大多是学生，席间毕恭毕敬，弄得我像个老父亲似的，十分开心。哈哈，这里又牵上个十三来，过了个"菊花节"。喝了不少酒，说些酒话。

附摄影故事一则：

那天从校门口取回快递，是个大纸箱，虽然不重，但一个人搬着实在不方便。走到半途，遇到两个男生，其中一个嘀咕道："你去帮一下。"结果这孩子就一直帮我送到六楼。在我们学校，有些孩子走路时和老师对撞也不会让路，而他的善良让我动情，我知道了他是15级4班（数控班）的小张同学，打算有空找他聊聊，看能否给他点帮助。

过几天课间找到他，问他喜不喜欢摄影，他很有兴趣。下午放学，我骑车带他到附近的建筑工地上寻找素材，同时可以近距离接触农民工，了解劳动的艰辛，珍惜职校的学习机会。聊天中，我才知道他是河南人，随打工的姑姑从广东来安徽求学，而他的父亲已经去世，母亲也另嫁他人，他是跟着姑姑过的——这是令人伤感的身世，也意味着他以后必须自强自立。

在整洁、有序、安静的校园待惯了，刚到工地上还真不适应，那里密密匝匝的脚手架，来来往往的搅拌车，尤其是高高竖起的塔吊伸出的巨臂横于半空，都给人不稳定、不安全的感觉——虽然我们也戴着头盔。昨天和今天，我们跑了两个工地，情形都大体相同。那些泥瓦工、钢筋工、电焊工、油漆工等在这样的环境中工作惯了，都从容不迫、快手快脚地做着自己的事情。我们拍摄的时候，师傅们大都乐呵呵地配合，可以看出来他们朴实的情感和乐天的生活态度。也有人问我们是干什么的，我说是带学生深入生活、学习摄影，他们表示理解，只是觉得自己脏兮兮的样子不好看，我大声告诉他们："这是劳动者本色的美，是真正的美，很值得我们的学生学习。"我看出来，小张同学对他们也是由衷地尊敬，忙不迭地拍这拍那，这也是我此行想要的效果。看他在寒风中的穿着并不厚实，我问他冷不冷，他笑着说："一点都不冷。"我知道，忙着的时候，他是把冷给搁在一边了。

摄影活动再次引发我的思考。陶行知先生"生活即教育""社会即学校""教学做合一"的教育思想最容易在中职学校落实，教育部等7部委联合组织发动的全国中职学校"文明风采"大赛和教育部"全国职业学校技能大赛"如果能在基层学校全面展开该有多好，我真的希望所有学校能够在思想上高度重视这些活动，合理配置软硬件资源，动员一切力量营造活动氛围，发动所有学生积极参加，让他们在活动中学习、展示、感悟、提高，并接受劳动价值观的教育。

也许有人会说学生们好吃懒做不配合，但我不这样看。走进中职学校，从外表来看孩子们很多不守规矩、不求上进，甚至屡教不改，看起来令人失望；但走进他们的生活，走进他们的内心世界，我们可能会发现他们的表现都事出有因，留守单亲、应试强压、心智障碍、孤独自闭、家境贫寒等都是造成他们学习失败的根源，而这些隐情都被我们忽略了，我们至今还在以常人的标准要求他们，他们做不到，悲观失落、自暴自弃，只有用"非主流"的方式反叛、抗争，来宣泄青春的激情、表达做人的自尊。于是，在我们看来，这些都不是好孩子，用有色眼镜过滤了他们生命的真相。

了解学生，唯有走近他们；转变学生，唯有走近他们；要把工作做细做实，必须走近他们。可惜这方面我们做得很不够，需要反思，需要更多的行动。一个人的行动不够，需要大家都行动起来；一次行动不够，需要无数次连续行动；我们需要在学生心中种下热爱生活、热爱学习、热爱劳动的种子，这比学点雕虫小技更重要。

## 总结反思：班级管理中的 N 个 "一"

学期结束了，回首看看，觉得幼教班主任比过去难做多了，牵着"蜗牛"散步，一步一步地走；事无巨细，一点一滴地做。总的来说喜忧参半——有想法，难以实现；有做法，不够完善；有收获，星星点点；有热情，期待来年。不妨一一道来：

1. 学习引导上的四个 "一"

一点爱心。着眼于引导学生做人做事，结合她们未来从事幼儿教育的工作特点，要求她们学会爱人、爱己，爱人是要帮助别人，爱己是要管好自己、完善自己、展示自己；要奉行"我为人人，人人为我"和"吃亏是福"的人生哲学，学会换位思考，培养宽厚仁慈、悲天悯人的博爱胸怀。

一个目标。通过班会、谈话、家访等方式，促使学生在中考失败之后重新燃起希望，争取做合格的幼儿教师，培养学生文化基础课与专业课的学习兴趣，逐步养成主动学习的习惯。第一次班会就通过带领学生观看精选的网络视频《断臂琴缘》等，用直观感人的真人真事来引导学生巩固职业理想，乐观向上做人、百折不挠做事。

一些行动。要求学生遵守校纪校规和班级约定，不迟到、不早退、不旷课，不自卑、不偷懒、不懈怠，逐步养成勤学苦练的习惯，在完成日常学习任务的同时，坚持每天写一篇日记，读一篇美文，临一个好字。以班干部陆同学的作文、黄同学的钢琴、王同学的舞蹈、李同学的书法等为学习榜样，引领好学风尚，营造学习气氛。

一个特长。介绍花朵朵（过去的学生，控股幼教集团副董事长）在幼教事业上取得的成绩，用她有想法、有锐气、有拼搏、有成果的成功事迹引导和鼓舞学生建立正确的人生价值观，鼓励学生珍惜青春年华和难得的学习机会，在行动中发现自己的智慧和特长，创造自我价值和社会价值。

我的热情虽高，寄托的希望虽大，但要求却不高，教育这件事欲速则不达。本学期只打算，引领学生慢慢进入角色，创造机会让一部分人先"优"起来，让"优生"在下学期带好头，逐步影响其他同学。

2. 管理策略上的四个"一"

一热一冷。上半学期以"热"为主，把每个学生当作"公主""自己的孩子"看待，在学习和未来发展上对她们寄予热切的希望、热情的鼓舞；在读书作文、练字练琴上示范引导，以身作则；走近学生，在生活安全上予以热心的呵护与关照；加强家校联合，填平师生代沟，拉近心理距离，争取在情感上感染学生，在行动中影响学生。后半学期以"冷"为主，学生熟悉校园环境后，放松了对自己的要求，坏习惯也逐步暴露出来，迟到早退现象时有发生，课堂上睡觉玩手机难以禁止，偷偷谈恋爱甚至拉帮结派打群架都有了，对此则以冷酷的校纪班规予以约束。因发现及时，有效遏制了一起恶性群架（学生约定）事件的发生，也劝说了三个幼稚学生与外班男生结束恋爱关系，避免了难以预料的后果。

一紧一松。要求学生课堂听课要紧张，学会聚精会神，提高效率，这在开学时就给学生做了专门的训练；课后休闲要放松，散步、阅读、跳舞、弹琴，做高雅型的现代女学生。完成作业要紧张，特别是钢琴、舞蹈类的专业训练，要勤学苦练、稳扎稳打、互学互助；考试的时候要放松，充分发挥，尽力而为之。从量变到质变，过程第一，分数不是衡量成绩的唯一标准。

一闭一睁。冰冻三尺非一日之寒，学生们的毛病很多，允许学生犯错误，不必过于啰唆，尽力发现学生优点，多正面引导。对数学、英语这些学生本来就学不好的学科，要求低一点；对语文、心理学及各项专业课要求高一些；在生活、交通、用电安全方面，眼睛要睁得大一些，不容疏忽。

一放一收。职教生的管理素来以"难"出名，特别是在安全教育上，学校从上到下谁也不敢放松，保证学生健康成长是最基本的要求，我当然也不例外。学生刚入校时，为防止她们休息天乱跑，我每周日都要到寝室巡查一趟；及时捕捉信息，帮学生排忧解难。但在学生的自立、自助方面要放开一点，注意培养学生自信、自主的能力。我外出开会或是采风时，基本上都是学生自己管理班级，效果也不错。

3. 自我要求上的三个"一"

一厢情愿。学生们自我意识特强，反之感恩意识又很弱。把别人的孩子当自己的孩子，以"家长、学校、教师"这三个代表的身份来要求自己尽力、尽责，这是我的习惯做法。在美术作业上，鼓励学生敢于出错，只有敢于出错才能学到真的本领；在学生行为上，允许犯错误，错了没事，能改就好，今天改不了也没事；只要明确是非，不怕改不了。给学生理解、宽容和发展空间，不谈眼前的成败。

一点面子。班主任做事不必高高在上，要创造民主、平等育人氛围。我时常跟学生说，大家走到一起是缘分，应该有团队意识，要团结互助，但有时候锅碗瓢盆难免有个"叮当"，引导学生宽以待人，齐心协力为班级争光，算是给我一点面子。

一点小忙。"帮女郎，帮帮忙"是我的口头禅。出差在外，我让班长代替我管理班级，是帮忙；班级卫生，我要学生自觉维护，是帮忙；学优生帮助学困生，是帮忙；同学有困难，我让班干细心照顾，都是帮忙。总之把学生放到主体的位置，能最大地调动她们的积极性，培养她们乐于助人的习惯。

本学期学生在比赛中也有一定的收获，在合肥市"骏马呈祥邮票设计大赛"中，黄同学得了二等奖、解同学得了三等奖；在校园普通话比赛中，黄同学得了二等奖，开局挺好。因事务繁杂，课余和学生接触少了一些，工作做得还不够细致充分，感情上存在着一定的距离，也因急躁情绪导致工作粗糙，这些都直接影响了效率，为此我撰写了17篇班级管理上的反思，认真总结经验。

万丈高楼平地起，从"一"开始。

## 忙中有乐

闲不住的人动中求静，总感觉时间过得太快。忙些什么呢？

一忙教学。认真完成课堂教学任务，针对校情、学情，以生为师，因材施教。撰写了《职业教育非常道》等20多篇教学札记，反思教学行为，提高教学效率。9月份申请了幼教班班主任，想抹去幼教班学生们心中失败的阴影，让她们走向光明，开班会、办活动、看录像、找谈话、走寝室、跑家访、通电话等，引导学生热爱生活、确定目标、提高自信、自立自助。凭着爱心、耐心、经验和热情，不急不躁，"牵着蜗牛散步"，相信一切会好起来。写了工作总结《班事》15篇，有很多想写的，无奈事务繁多，只好暂且储存在脑子里了。意外的就是受县文联委托，受聘为培训基地"未来摄影家班"班主任，增加了新的教学任务。可喜的是，在教育部全国中职生"文明风采"摄影大赛活动中，四人获省级复赛一等奖（已报送教育部参评），为今年的教学工作增添了亮丽的一笔。

二忙教研。4月赴杭州参观"全国美术名师教学艺术展"，向名师学习取经，为此以诗带评、以诗致敬，其中《南朱》和《北魏》两首分别被浙江师范大学李力加教授和天津美术特级教师魏瑞江老师引用于他们的教育博客。5月组织教师在育红小学开展县级美术教研"同课异构"展示课活动，6月组织选拔和指导教师参加市级比赛活动，其中众兴中学於瑞国老师获市高中课堂教学评比一等奖，草庙中学田甜获读书演讲比赛二等奖。创办"肥东美术教育网"作为肥东美术教研平台，促进教学经验交流，激发美术教师教学热情，展示美术教师教学教研成果，引领美术教师在专业化道路上自我成长。为乡村少年宫教师进行专业培训，利用课件、视频和博客收藏资料，分别从建立创新教育理念、乡土资源的开发和利用、单元教学方案的实施、课堂教学有效性的探讨、享受教育人生的情感等方面进行教学引导，促进乡村少年宫美术教师的专业化发展。为县教师继续教育中心美术学员授课，讲授《小学美术学习心理与教学策略个案分析》和《小学美术学科学习策略与有效教学指导》，以典型案例引导教师提高课堂教学的有效性。另外，在教学探索中，撰写了教学策略系列短文，其中《公说公有理》6篇，《小动作大智慧》27篇。发表了3篇文章，包括《教育信报》2篇（《微机房里谈危机》《高考美术是被课改遗忘的弃儿》）、《合肥教育》1篇（《我的博客我的家》）。值得一提的是在合肥市第二批骨干教师评比中，我们的美术教师团队8人入选，在全市名列第二，给县里增光，我这学科带头人也有了面子。

三忙支教。因我牵线，县美协由刘立仁主席亲自带队分别于5月和10月，义务送书画到杨塘中学和古城学区中心校，让乡村学生与画家零距离接触，这对于激发美术兴趣、开阔艺术视野、了解水墨文化都起了很大的促进作用，也活跃了校园文化艺术氛围，为学校艺体"2+1"项目的实施呐喊助威。在两校活动中，我为初一、初二的孩子做了个微讲座，通过从杨塘中学走出来的艺术人才实例介绍，为孩子们树立热爱艺术的榜样，增强孩子的信心和决心；为五年级的孩子上了堂美术创作课《美丽岱山湖》，带领他们用彩纸拼贴的方式，表现家乡岱山湖之美，培养热爱家乡、热爱艺术的美好情感。10月，受县文联和美协委托，为县艺体特色学校、文联美术培训基地众兴中学的高二美术班120多名学生做了个励志讲座《榜样的力量》。11月又结合县教体局高中美术教学视导工作，带领毕业于中国美术学院的县美协常务理事黄仁杰老师赴众兴中学分别为美术教师、高三美术生和高二美术生作了两张对开水粉应考示范画，同时为学校和美术教师提供了教研、教学方面的参考意见。12月邀请合肥市教育局美术教研员张进老师来我县为众兴中学举办高三美术班考前讲座。

四忙美协。因我县建设美好乡村需要，受美协委托，跑了八斗、响导、古城等乡镇走访，花了近3个月时间为13个中心村和街道设计了村徽。为县美协牵线搭桥，赴皖西与六安市美协举办联谊笔会，促进了两地美协的交流。积极参与县美协各项活动，并负责报道、总结及相关宣传工作，如县文联"秀美肥东"网站"肥东美术教协会"版块的建设，"肥东美术网"的建设等。在文联这一块，应肥东摄影家协会之邀，担当"秀美肥东"网站"教育摄影"的版主，为扩大网站影响，一个月内发了400多张原创主题摄影图片，为此还得了月份奖。作为县文联委员做些有益于教育的事是必须的。

五忙出书。因省作协副主席高正文先生的赏识和热心帮忙，我的两本书稿《烛光夜话》和《根雕摄影诗话》计划在中国文联出版社与大众文艺出版社正式出版，样书已出，但因忙于各种事务，没来得及最后校稿，最终还是没有印刷（看来只有年后来办了），这件事有悖于高主席的厚望，必须负荆请罪才是！我和安徽师范大学实习指导专家胡旭东老师合编的《农村美术教育对话与实践》一书也待出版。眼下要做的是县教体局"体育艺术'2+1'"项目实施和"一校一特色"创建展演图片集，要从600多张照片中遴选60幅左右设计、处理、编辑成册，年前要出来，时间很紧张。

六忙创作。今年创作的种类较多：县教体局《肥东县全国家长学校实验区文集》封面设计四册，美好乡村徽标13幅，根雕作品11件，摄影作品最多，但能让我满意的也只有50多幅。虽然设计、根雕和摄影都属于美术范畴，但没有在绘画创作上做点什么真的遗憾。近几周，用电脑画了15幅《包公故事》连环画，十分耗时，业余时间全赔上了，吃不香饭、睡不好觉，搞得老眼昏花的。还好，这种练习倒让我像小学生一样悟出个道理：做什么事情，进入了角色会养成习惯，习惯就是动力，就能办成事情。

七忙评比。忙来忙去，年初被评为安徽省中职学校专业带头人，年中又被评为合肥市第二批学科带头人，不搞人际关系，凭工作实绩和材料说话。务虚能让人找到安慰自己的理由，是精神层面的需要，可以没有，但有了也不坏。征文方面参加了中国教育报刊社举办的"中国梦·教育梦"大型征文评比，层次很高，参赛者大师云集（科学院院士、教育学会副会长、副市长、教育副厅长、大学校长等等），得了个三等奖，知足。

八忙生活。感恩节那天，女儿从大学发来感恩卡，上书："谢谢你，爸爸，把家的责任扛在肩上。"这句话让我很感动——孩子给我颁发了"好人奖"啊！一个男人在外忙工作要担当，在家忙生存也要担当。读师范的时候，穷得卖掉本来就不富余的菜票去换钱买书，吃不饱、穿不暖，囧得做人做事都失去了自信，深感穷的可怕。妻子下岗多年，不说大家庭的应尽责任，就说让这个小家里的人过得有尊严就很让我"亚历山大"，不忙如何过日子？业余抽点时间帮妻子打打下手是必须的吧。

眼看着就是老胳膊老腿的了，如此"拳打脚踢"不太合适啦，玩太极练内功，舒缓又优雅——活命要紧，留得青山在不愁没柴烧，能坚持看到每天清晨的阳光或雨露，好好地活着就是最大的幸福啊。给自己提醒一声：保重，不要太累，身体好一切都会好。

# 第二章

## 行善教 问道求真

善 美 求 真

**02**

　　教育要"立德树人",要培养学生适应终身发展和社会发展需要的必备品格和关键能力。但应试教育的观念在人们的头脑里根深蒂固,急功近利的现象依然存在。因此,改变教育观念与教育行为,适应时代发展和学生发展的需要便是善,是真,也是美。我们需要彻底反思教学行为,围绕教育目标,更新教育理念,研究教育对象,改善教育策略,勇于探索研究,大胆教育革新,在持续不断的学习、实践、交流中提升精神境界和教育素养,提高教育水平和教学能力,真正把握教书育人正道、善行、求真、至美,做合格的"人类灵魂的工程师"。

# 第一节　教育目标

## 精确定位：中职教育要雪中送炭

一般来说，初中毕业是人成长过程中重要的分水岭，中考成绩好的上省、市、县示范高中，获得优质教育资源，走发展的光明大道；成绩一般的上普通高中随大流，或是另辟蹊径走艺考小道也有个上大学的盼头；剩下的学生不得已进职校，虽说没有哪个家长心甘情愿，但现实就是如此。

孩子成绩不好自有不好的原因，有的出于先天天分不足，有的出于后天家教缺失等等，总之是因为孩子在智商、情商或是情感、心理等方面上出了问题，才会在千舟竞发的应考大军中被淘汰下来。这一掉队，就不仅是考试成绩的问题了，思维方式和行为习惯都成了问题，悲观消极态度随之而来，惰性厌学情绪挥之不去，自由散漫作风日益滋长，家长唉声叹气，孩子渺茫的前途成了郁郁心结。

成绩好的学生考上好大学，学校所做的工作属于锦上添花，而办好职业教育为孩子和家庭排忧解难，那叫雪中送炭。锦上添花不难，雪中送炭就不是简单的事情。很多学校教育投入很大，最终却是事半功倍，原因是多方面的，概括起来大致包括以下几个方面：

一是学生定位问题。"天生我材必有用"这句话是有道理，但职校学生常年埋在"后进生"阴影中，造成的思想、精神、心理和行为习惯上的问题积压却未受到应有的重视，我们一直把他们当作正常的学生来看待，定位和要求过高，缺少过渡衔接，违背因材施教原则，教育理想如天马行空，难以落地。

二是教育规划问题。学生入学后，学校像普通高中一样在仓促的军训后（其实很多学生因怕苦怕累而不参加）即开展常规职业教学，此时学生对自我认知和职业发展前景缺少了解，对职业选择尚处盲目状态。无职业生涯规划必然缺乏学习热情和动力，自暴自弃、自卑厌学情绪和疏懒懈怠的习惯导致教学普遍处于低效状态，学生毕业后很难适应岗位需要。

三是硬件设施问题。不少学校跟风开专业，学生入学后硬件设施跟不上，加上专业教师短缺，导致专业技能教学无法正常、有序开展；也有的学校虽然拥有部分硬件设备，但由于对专业教学的重视和管理力度不足，也导致专业技能教学低效化，甚至无效化。

四是教学方式问题。由于学生在小学和初中成绩落后，丢了家长的脸，拖了老师的腿，饱受批评和打压，因此也形成了特有的逆反心理和任性习惯，对老师的善意劝导常常莫名反感、不屑一顾；加上学校老师缺少对学生应有的尊重和理解，缺少教学方式的改革创新，很难做到与学生心心相印。师生关系的疏离与对立状态直接影响了教学效果。

五是管理问责问题。因职业教育尚处起步和摸索发展阶段，有关职业教育管理的法规、监督制度尚待完善，教育质量检测、管理系统有待健全，教育主管部门对学校管理者任职行为缺少应有的引导与监管，学校管理随意性大，效能性低，应付性强，很难真正提高办学质量。

六是经费投入问题。学校硬件投入明显大于教师队伍建设和学生管理的投入，面子工程上力求高大上，核心的教育科学管理和教育改革创新投入后劲不足，很难创造出优质专业品牌，社会认可度低，降低了办学的积极性，十年难磨成一剑。

近年来，国家对中等职业教育日益重视，也出台很多相关的扶持政策，但实际上难以彻底改变学校现状,以上六个问题可能就是中职办学徘徊不前的瓶颈所在,只有面对现实认真调查研究,端正态度,坚定信心,迎难而上,让每一项工作落地生根,才能谈得上雪中送炭,造福家庭和社会。

## 重点聚焦:把"关住"改为"关注"

新年新景新气象,大自然的旖旎风光将会如期而至,中职学校的春季招生也拉开了序幕。影响招生的因素很多,除了区域各校专业的总体规划设置不够科学合理以及非正常恶性竞争的影响外,最关键的是学校是否打造了自己的品牌专业,用品牌来吸引人。办学初期,不少学校用消极应付的态度来对待上级检查,用应试教育的方式来对待学生学习,没有用心做职教,结果原地踏步。

记得我校初办职教(含综合高中)时,一期就招了一千几百人,这些学生基本都是没能考取普高学校的,如何"关住"学生不出乱子就成了首要问题。县教育局一位中层领导干部晚上散步时特地到学校转一圈,看到灯火通明的校园里一片肃静,感觉十分诧异,感慨学校管理有方。那时候,学校以综合高中的升学教育为主导,以高考升学为主流的学风笼罩了校园,学生在升学的压力下是相对好管的,自然容易关得住。但现在情况变了,所招学生文化成绩越来越差,他们旺盛的精力无处发泄,就只能惹乱子添麻烦。但想"关住"学生谈何容易?金点子、银点子用尽了,换了一招又一招就是不灵,白天外出不归者有之,夜间翻墙上网者有之,逼得学校都不敢在围墙铁栅栏上留尖儿,以防发生流血事件。

退一步说,即使院墙和教室关住了学生的身,也关不住学生的心。有的学校在校园和教室安装监控,也只能起到观察作用,不可以遥控学生。有学校亮出"绝活",让教室网络全覆盖,等于把网吧搬到了学生身边,学生们上网玩游戏便捷多了,可以几个小时不抬头,这样"网"住学生的心了,却坏了学生的身，绝非长久之计。

"满园春色关不住，一枝红杏出墙来。"植物尚且如此，何况是风华正茂的学生？十六七岁的孩子正逢人生之春，是争奇斗艳的大好时机，谁能关得住？因此，"关住"学生只是管理者的一厢情愿，这种不负责任的办学态度直接导致了学校发展的停滞不前甚至倒退，失去了社会公信力。

因此，将"关住"学生改为"关注"学生，或许能让学校教育从"山穷水尽"步入"柳暗花明"的境地。

职业教育是国民教育体系和人力资源开发的重要组成部分；职业教育是广大青年打开通往成功成才大门的重要途径；职业教育肩负着培养多样化人才，传承技术技能、促进就业创业的重要职责。职业教育不是可有可无的，它是"国民教育体系和人力资源开发的重要组成部分"；职业教育是不可无所作为的，它要"为广大青年打开通往成功成才的大门"；职业教育是有担当的，它"肩负着培养多样化人才，传承技术技能、促进就业创业的重要职责"。

人才战略首先要从人本出发去关注学生，因材施教，创造条件助力成长。要用科学研究的态度办学，不急躁，不懈怠，不悲观，不敷衍塞责。

**一、以生为本**

升学教育以升学考试为目标，难免把学生当作学习的机器，以谋求学校的升学率和家长的满意度。而中职学校以就业为目标，没有考试的压力就可以为学生未来可持续发展考虑，可以放手做素质教育的铺垫，可惜很多人并没意识到这一点。从前的中等师范教育就是摆脱应试教育的素质教育，为社会培养了大批人才。因此以生为本尤为重要。

1. 生命。尽管中职生在智商、情商或是心理上存在诸多不足，但他们都是一个个活生生的人，应该得到应有的尊重，不可以漠视甚至鄙视。据我了解，学生之所以学习成绩差，或因单亲，或因留守，或因贫穷等等家庭教育的失败，他们很多人陷入不良的"习得性无助心理"状态，生命处于低潮期难以自拔，学校要从尊重个体生命做起，尽快完善和落实学生心理咨询室的创建工作，对学生开展有效的心理健康调查和咨询，对特殊学生建档并安排专人负责心理健康引导工作；要在全体教师中普及心理学知识，让教师通过各项活动有效帮助学生摆脱心理危机。

2. 生存。生存教育是中职生的必修课程。学生习惯于饭来张口、衣来伸手的家庭溺爱，不懂得劳动的意义，不懂得感恩父母和老师，以致学习意志薄弱，日常行为疏懒，得过且过混日子。因此，学校要开展行之有效的生存主题教育活动，让学生了解生存的艰难，培养坚强的生存意志，激发生命潜能，主动学习知识和技能。

3. 生活。教育的最终目标是要培养生活幸福的人，未来社会金钱并不真正起着决定性的作用，而健康和志趣主导着人们幸福指数的高低。因此，学校不能取消课间操和运动会，社团活动不能因管理不到位而有名无实。要为学生的未来幸福着想，健全和落实校园文化艺体活动，创建和完善有效的激励机制，以读书节、艺术节、运动会等活动检验、检阅活动成果，给学生丰富多彩的校园生活。

以生为本是教人做人。

## 二、从学入手

学校理应"学"字当先，无"学"何为"校"？学校在日常管理中，首先要重视的就是"学"字，至少要从四方面来讲：

1. 学生。从人本出发办教育已为共识。那么，职业学校教育的人本在哪？学生在想什么？想做什么？在做什么？我们都说学生"差"，究竟"差"在哪些地方？差到什么程度？为什么"差"？如何"转差"？他们真的一无"是"处吗？"是"又在什么地方？我们有问卷或是其他方式做过详细调查吗？没有基于学生的调查研究的教育是无的放矢，必然举步维艰。所以要采取多种调查方式深入了解学生，因材施教办教育。

2. 学业。基于中职学校培养中等职业技术人才的办学目标，学校在围绕学生学业选择和学科配置上是否合理？教材的选择上是否合适？这些方面都需要经专业人士的理论指导和专业教师的实践认证，不可想当然地拍脑袋定夺。要加强专业课开设和教材选择的论证工作，增加专业课开设的时数，降低基础文化课难度，提高基础文化课的趣味性。要建立合理的入学面试和毕业考核长效机制，实施面试把关、毕业积分过关制度。

3. 教学。教育当随时代，教学亦然。在多媒体信息教育技术高度发达的今天，我们依然沿用一块黑板一本书的教学方式如何调动学生的学习积极性？特别是面对初中阶段就不愿意"听书"的中职学生，单调乏味的说教早已成了过去时，我们有过自我反省吗？因此，要尽快普及信息化教育手段，增强课堂教学的生动性，扩大课堂教学的信息量，培养和提高学生的学习兴趣，提高课堂教学的有效性、实效性；尽快有目标、有计划地开发各专业的校本课程，适应学生发展需要。

4. 自学。在"慕课""微课""翻转课堂"袭来的教育新时代，很多教师依然守着旧观念，乐于"满堂灌"。我们有没有重视过学生与生俱来的学习能力？有没有通过有效方式激发学生的学习潜能？因此要改变教育理念，创新课堂教学模式，营造生动活泼的学习氛围，启发引导学生自主学习并养成终身学习的习惯。

从学入手，是教人做事。

也许中职学生真的很难管、很难教，但只要看看李镇西老师近作《克拉克的"秘密武器"》，我们就有决心做好：

克拉克教的是小学毕业班，可同样面临升学考试，而且是统考。他更大的压力还来自学生——一群完全就是堪称"小流氓""小混混"的"问题少年"，几乎每一个学生的背后都有着一个非正常的家庭。克拉克是学生们临毕业前中途接班的，要在短短时间内让每一个学生都考出好成绩并顺利升学，简直就是"违背教育规律"的"天方夜谭"！然而，克拉克创造了奇迹——不，是创造了神话！

沉舟侧畔千帆过，病树前头万木春。国内经济发达地区很多中职学校在快速发展中已经总结了许多先进的经验值得我们学习借鉴，在资源优势、环境优势滞后的情况下，我们不能等待，因为学生和我们就是最好的资源。一个美国教师能克服重重困难带好学生，中国教师就做不到吗？我想，只要我们下定办学决心，端正办学态度，明确办学方向，理清办学思路，规范办学行为，就一定能做得更好。

## 第二节　教育理念

### 反思重建：金句共识

合肥市教科院安排到西安的培训活动中，贾玲所长的讲座给所有同仁的感觉是"同频共振"，她在课堂观察上的研究有高度、有深度、接地气。我的理解如下：

老师之老：到了我们这个年龄，有了丰富的人生经验与感悟，对于生活、生命、生存和发展有了更深刻的体验和认识，做教育研究就更有温度，更有精度。著名特级教师于永正先生退休后曾撰文《假如让我再做老师，我一定不这样做……》、著名特级教师李镇西老师撰文《我的教育经历错误不断，伤痕累累》都是对教育理想与实践的反思。我也一直认为自己欠着学生，因为错误不断。虽然说法各不相同，但都一个理，都是失败、良知和岁月换来的真知灼见。

导师之贵：教师要做学生的人生导师，教是灌输的，以强制为主；导是人本的，民主的，以引导为主。我提倡教师做学生的人生导师之外，还要做学生的贵人，在人的成长过程中，所遇导师可能很多，但贵人相助更难得，这样说似乎更感性一些，温暖一些。

真的师德：我们每天都在讲师德，但师德是空的，不是用来讲的，而是用来做的——带着高认知水平，提高学生的高参与度，上好每一节课。为师，要能传道、授业、解惑于课堂，上不好课怎能为师？不能为师又有何德？

关注教师：教师发展学校。学校的发展靠的是教师，教师是顶梁柱，他们的成长、优秀才是学校快速发展的基础。那么怎么"靠"呢？就是用实际行动引导、鼓励、支持、鞭策教师去发展，没有优秀的教师，哪有优秀的学生、优秀的学校？

均衡教育：均衡教育不是都搞得一样，而是让所有孩子享受源于自身素质和能力的同等教育与发展的权利，要适合所有孩子的学习；并非行政概念的均衡，一刀切的均衡是肤浅、可笑的。因此我认为，均衡着重还在课堂上，在教师的有效教学观察、诊断和行为中。

育人为本：教书是为了育人，教书是工具，教书是小器，育人是大道，立德树人是目标，贾特说的是课堂观察研究，却总是不忘说发展、说育人，可见教育研究者的同心同德。育人固然要从教书开始，但书教死了、偏了，就会把人育坏，所以教育人要有高境界、大视野，要学习、总结、反思，不断提升自己，完善自己。

做真研究：最好以小课题研究的方式进行，让"小"字再小一点，就是"微"，微课题研究。在日常教学中，每当遇到疑惑与不解，都可将其作为微课题，有目标、有计划、有耐心、有方法、有结论地去研究它、解决它，这是真研究、真有效。

实实在在：坐而论道，在教育研究中实证研究是软肋。实，是实际的调查数据，论据；证，是在论据基础上的论证，由此得出正确的结论，找出解决问题之道。所以一切教育研究都必须在实证的基础上进行，不可从感性出发想当然。

理论实践：理论始于实践，实践渗透理论。没有理论的实践倾向于盲目和低效，没有源于实践的理论就是个空架子，没有指导意义。因此，教师既要站在理论的肩膀上观察和实践，又要走进实践中丰富和检验理论。

专业成长：教师的高认知水平决定了学生发展的速度和高度，所以教师要不断学习和研究，否则"诲人不倦"有可能会滑向"毁人不倦"；学生的高参与度是衡量教师教学能力和水平的标尺，没有高参与度，教师的一切努力都是低效的。

激情，激情，激情！贾玲所长的讲座，更像演讲，饱含着教育激情。满怀激情，是教育和研究的必须；有情，才有宽广的胸怀，才能有情怀。谢谢贾玲所长的演讲。在教育这块希望的田野上，我们共同守望。

## 落地生根：彩墨游戏非儿戏

这是合肥市小学美术课现场比赛的部分学生课堂作业，执教者是我县教师杨玉霞。对于这些现场作业，第一眼的感觉就是美。作为评委的合肥师范学院马晴副教授事后告诉我说：上完课后，很多教师都跑到前台争相拍照。美，是有召唤力的。

第一排是彩墨画，是学生们的造型表现作业；第二排是评价环节结束后，教师给画覆盖了白纸，让绘画变身，实现绘画向设计、纯美再向应用的跨越；第三排与第二排同理。现场作业共12张，这几张算是代表。无疑，这堂课是成功的。

作为县城教师，日常学习交流机会不多，加之学校重视程度不够，第一次走进市级展示舞台能做到这样已经很不错了。

这节课是在我县8节参赛选拔课中挑选出来的，后经过打磨指导，并加入了我在课改上的一些想法。

我的观点是：无论展示课或是比赛课都是教学研讨课，要带着"研究"的意识去探讨和交流，不能落入作秀表演的俗套。故，教师要有自己的想法，在目标和教法设计上要本着探究精神，敢于去尝试。

本课在设计中着重要体现工作室的"四生、四学"美术教学理念，即：

## 一、四生

1. 生本。教师引导学生在图像识读和审美判断中感悟大师绘画风格，认同传统文化精髓，汲取知识、情感和审美经验，然后在即兴创作中总结创作的经验与方法。课堂突出学生自学能力，培养自信、勇敢的学习品质。

2. 生成。二次创作在"小试牛刀"的基础上进行的，教师通过课堂观察和互动，根据学生作业情况，有针对性地进行引导，把学生带入深层的审美判断和美术表现情境中，顺其自然，巧妙生成。由此技能得以训练，情感得以宣泄，美感得以表达。

3. 生活。让造型表现跨越到设计应用领域，有机联系学生的生活需要和审美经验，有效激发学生学习探究和创意实践的兴趣，实现课后学习的连续持久性，放大课堂教学成果。

4. 生存。教育的终极目标是"立德树人"。"教"是为了培养学生"学"的能力，学就要敢于质疑，独立思考。结课前就生活热点"恶搞大师"创作现象提出问题让学生思考，启发学生培养独立思考和判断的意识。

## 二、四学

1. 悟学。学生在问题情境中通过自己主动观摩、交流和实践感悟，将知识和技能内化而习得。在教学中突出学生主体，避免教师无效的灌输，珍惜宝贵的课堂时间。视频播放的大师张大千、波洛克的创作手法显然对学生产生了影响。

2. 导学。学生在教师的适度引导中学习探究，这是依据教学观察和诊断，为实现教学目标而对学生悟学的必要补充。师生有关点、线、面和疏密变化的讨论，教师有关笔法、墨法的示范显然突出了本课重点，也解决了本课难点。

3. 互学。生生之间、师生之间合作交流学习，探究过程中小组合作互动，师生合作互动，在民主、自由、平等的氛围中学习。学生两两合作，在讨论交流的碰撞和默契中共同完成作品。

4. 乐学。最大限度发挥美术课以美育人的优势，让学生陶醉于美术之美中，自觉而快乐地学习。用优雅的中国传统文人画视频将学生引入如梦如幻的美好境界，为后续的中国画学习精心铺垫，为课余兴趣做向导。

本课在内容设计上抓住"彩墨"，紧扣"戏"字，依据课本却又有所突破。一方面更重视在中西方不同文化理念和方法的比较中引导学生感悟中国传统文人画的笔墨情趣，激发学生传承国学的兴趣；另一方面就突破传统的当代观念艺术提出问题让学生思考，探究中国水墨发展之路。

在教法上也摆脱教学常规，在学生识读图像后让学生尝试即兴创作，教师再根据学生的需要切入知识点和技法探究，真正实现学生主体、教师主导的探究式教学。学生作品自由奔放而不受条条框框的限制，面貌多样，异彩纷呈。教学有放有收，"放"是为了学生，"收"也是为了学生，体现了生本教学理念，践行着核心素养目标。

虽然是赛课，我们也不主张华而不实。杨玉霞老师毕业于安庆师范学院，主修油画，在书法和国画上是相对薄弱的，但是上本堂课时还是像常规课一样自己写，而不是请人写好了贴上去，更不用花里胡哨的美术字吸引人的眼球。学生使用的用具以及作业展示板也极为普通，非刻意安排。因为很少用毛笔画画，杨老师为了做好示范，课前反复演练笔法和墨法，另外在课件素材搜集和教学语言的推敲上都下了不少功夫，精神感人。

教学，课前要教师带着问题来，每堂课都是一个个微小课题的研究；课后要学生带着问题去，学习主要还是在社会、家庭和大自然。

赛课，也许紧张，也许仓促，当然也少不了各种缺点。总体来说，这节课的探索是有意义的，只是大胆前卫了一些，估计评委们没看懂。

## 第三节　教育对象

### 淡定宽容：从"老头你好"说起

　　傍晚从外边骑车回来，路过学生宿舍时，见几个男生一字排开走在前面，我放慢速度早早地按喇叭，希望让个道，却没人理睬。眼看就跟上学生了，我又按喇叭提示，还是没有一个人回头看一下，我再按，学生终于向两旁散开。学校里的这种情况早已见怪不怪了，老师们经常遇到，有时迎面遇到学生，也常常是主动绕着走，人家"勇往直前"你能和他"硬碰硬"？

　　今天让我没想到的是，一个学生在让路后，左手略举像行礼一般对我说："老头你好！"我也笑着回答他："小朋友也好！"调侃对调侃，大家心情愉快。我的身后马上传来一阵嬉笑声。也许有人会说，你可以停下来给他讲点儿有关尊敬老师的道理，那你就有些天真了，这些孩子根本不买你的账。试想，从家庭到幼儿园、到小学，再到初中，家长和老师教过多少次了，这起码的知识他们还不懂？就是不愿去做，有时甚至故意弄点恶作剧来寻开心。

　　在孩子看来我也就是个老头子，学生说得没错。这孩子虽然有点搞笑，但问好还是有礼貌的表现，他比那些"横眉冷对"者好百倍！学生们本性是善良的，可塑性很强。

　　很多人对于眼下的职业教育不乐观，原因就在于学生的素质太差，其中不乏心理缺陷和智力缺陷的，当老师的真不能习惯性地把他们当作正常的学生来要求。2012年，我在《智不必殇于智，情不必殇于情》的短文中写过：

自己所从事的课堂教学工作应该归属于"特教"，此"特教"非聋哑学校之类常规意义的"特教"，是针对中国当代中等职业教育起步中"特殊学生群体"产生的新概念。

学生学习成绩过差的背后必有原因。中考总分为800分，学生仅考300分左右，不及半数，还有更少的，可以想象他们的学习能力和习惯之差，这里面的问题很复杂，涉及智商、情商和兴趣、心理等诸多问题。

"山重水复疑无路，柳暗花明又一村"是顿悟。针对聋哑学生，你嗓门再大也没用，得用哑语；针对智障学生，你再性急也没用，得有耐心。当我们真正意识到我们学生与普通学生的不同，真正去面对我们的"特教"时，如果我们不把期望值定得太高，力求再淡定一点，换一种角度来面对学生，换一个思路来经营课堂，能付出更多的爱心、关心、耐心和恒心，让智慧慢慢启迪智慧，让情感逐步感化情感，我想我们可能就不会因太急于求成而无法取得满意的效果。

知己知彼，百战不殆。中职教育不同于应试教育，没有升学竞争和压力，不必急功近利。若能从实际出发，心中有爱，善意引导，宽容对待，杜绝冷漠、挑剔和刻薄，可以在每一件小事中发掘善和美的价值，引导他们向善、向美、求真，让教育阳光普照，润物无声。

## 事事关心：蹭网不如蹭风景

在我们宿舍楼下，常聚集着一些蹭网的学生，课余时间有，上课时间也有。昨天课外活动又遇到两个，走近一看，熟悉，就盯着她们手机看，她们嘻嘻一笑"老师好"，算是回应。我问："在蹭些什么呢?"答曰："下载电影。"

我很清楚，她们的学习生活十分无聊，课堂上不听课爱看电影，课后不爱看书还是爱看电影，原来电影是蹭网蹭来的。老师们常批评职校学生爱"玩手机"，其实是手机"玩"着学生，把学生"玩"得迷失了方向、丢失了自我，浪费了大量宝贵的时间。改变这种现象，得从小事做起。

我问："学校在办校园摄影比赛，你们准备了吗？"答曰："没有。"我说："我们现在就在附近找地方拍。"学生说："这里又没什么好看的。"我说："找一找就会有发现。"眼下花期已过，我带着学生顺着向北的水泥路走去，路两边清一色绿，的确平平常常。走进左边茂密的小树林，葱葱郁郁的树木似乎也很上镜，但缺少主体总显得单调，转身看到学生寻寻觅觅的样子，我突然有了灵感——这不就是主体吗？近在眼前。

我告诉学生："绿叶是生命和活力的象征，而我们青年学生正处于人生的春天，像花一样鲜活美丽，今天我们就来用绿树做背景烘托气氛，用大自然的美衬托人的美。"学生难为情地说："我们长得不好看，拍出来丢人。"我哈哈一笑："我先拍一个试试，包好看！"

于是我让一个学生摆好姿势，选好角度来个摆拍，另一学生看我如何取景构图。拍出来以后，两人齐声叫好。

学生说："老师的手机好拍得就好，我们的手机不行。"

我告诉她们："我的手机是交话费得积分送的，很一般，但只要注意选景、构图、光影和取舍，普通的手机也能拍出好片子，不信你们试试！"我选好背景，让一人做"模特"摆个发现的动作，让另一同学按要求来拍，结果比我拍得更好。动态、表情拍得恰到好处，很有感染力。

拍者欣喜地说："从来没想到能拍得这么好看！"被拍者羞涩地说："我也没想到自己在照片里这么美！"

我说："这就是摄影的魅力，要巧妙利用环境来表现人物最有活力和最美丽的瞬间。"

我指着旁边粗壮的水杉树说:"这个树皮肌理粗糙、色彩单调,正好可以衬托我们细腻红润的皮肤和生动的表情动作。"我让两位同学设计自己的动作和表情先后互拍,结果十分理想。一个恬静娇羞、楚楚动人;一个仰望长天、遐思万里。照片拍出了意境和艺术感染力,更有效地表达了青春之美好。

我提醒她们:人物拍摄可以做成系列,拍手、拍脚、拍背影、拍组合都可以,要把自己青春的美好定格收藏,为自己留下美好的回忆;我们也可以拍同学、拍家人,用手机创造美、传递美,做一个美的天使。

年过半百,鬓角的"风霜"和额头的"波浪"早已抹去了曾经青春的奢华,所以我很少自拍,但这次我竟突发奇想要和孩子们自拍留个影。童心可鉴,课余时间多和孩子们在一起,不仅玩得开心、联络感情,还能潜移默化地影响着学生,这比课堂上枯燥无味的说教好很多。随后,我即兴编了首打油诗配图发到空间:

路遇学生蹭网,
带去路旁照相。
春天处处是美,
手机玩出花样!

广东佛山博友、作家水心看了我在空间发出的图片,很快发来消息:"超可爱,没办法不喜欢……"《安徽青年报》记者傅军、同事同行、学生好友等好几十人点了赞,这让我肯定了一点:大家都在玩手机,也许这样的玩法最有意思。

一次路遇、一次发现,也许会让自卑的学生喜欢上自己,喜欢上摄影。玩手机游戏也好,看手机电影也好,学生都被牵着鼻子走;而摄影就不一样了,构思构图,当家做主,发现和创造了美。我希望学生少点蹭网,多点摄影。

## 识破真相：学生个个都能行

众所周知，受应试教育影响，中小学美术一直处于边缘化状态，家长不重视、学校不重视，导致美术教师也不重视，最后连学生也不重视了。刚入中职幼教班的学生们，在美术知识上几乎是空白，技能上更是短缺，上美术课不亚于"扫盲"。开学第一堂课上，我问学生"美术包含哪几大种类"，没有一个学生能说得清楚，多数学生把绘画和美术混为一谈，这让我总有种紧迫感，三年内要补的东西太多。

我不认为学生起步是零，学生们知识面的确很窄，但在学习上不必盲目自卑，潜能是人人都有的。我在第一节课就给她们做过诊断和评估：人出生后，做得最多的一项活动就是观察，能辨别父母就具备了相当的观察与比较能力，这是生存的本能需要。中职生经过了十几年自觉的观察与比较实践，每个人的观察能力都应该很强。另外，美好的生活与美丽的自然就是活的教科书，潜移默化地影响着人的审美判断。这些积累都是学生学好美术的基础。

但道理仅仅是道理。首次绘画课上，我想了解一下学生的基础，就在黑板上顺手画个简笔画兔子让学生临摹，结果多数人战战兢兢不敢下笔，即使有的人画了，也总是用橡皮擦来擦去，磨磨蹭蹭地不敢肯定。得改变现状，先做个导游，把她们带上路。

从观察入手。我准备再示范一次，画之前让学生带着任务看：仔细盯着我的手，观察绘画步骤，用手指随我一道"空画（在空中比画）"。这样做是为了高度集中注意力，并通过"空画"掌握绘画步骤和造型特点。果然，这一招很灵，学生画第二遍就顺利多了，快，又比较准确。大家都有了信心。

于是，我再重画一次。这一次着重强调笔法，让学生跟着我一笔一笔地练习，我边画边分析，学生亦步亦趋，稳扎稳打，这种方法看起来笨拙却有实效，学生眼、手、脑、耳同时进入状态，因为有前两次的铺垫，现在造型准了，下笔稳了，速度快了；学生中，竟然有人抱怨我画慢了，催着我快画。画完后，我问学生："现在还觉得绘画难吗？"学生们都开心地笑了起来。

最后，我用五个关键词概括绘画成功的秘诀：专心观察，认真比较，胸有成竹，下笔果断，反复练习。

很多时候，"不会"是假象，是缺少尝试和积累；教师不能性急，要抓住问题的关键，正确把握学习规律，善于把问题掰开揉碎，化解难点，引领学生掌握窍门。

最后，要求学生独立完成。我先在黑板上画上3个形象，再倒计时，计算她们绘画的时间，倒逼让学生的思维加速运转起来，学生不仅画得准，而且画得快。任务加码，再画3个，再倒计时，结果可想而知。这种训练方法效率挺高的，磨磨蹭蹭没了，信心和兴趣有了。

学生们越过了心理障碍，绘画变得轻松愉快起来。下课后，一学生笑嘻嘻地和我道别："明天见！"旁边学生说："明天没有美术课了，见不着！"她同桌回答她："老师是10班的班主任，明天肯定能看见。"学生愿意见我，是期待，也是对我的奖赏吧。

# 第四节　教育手段

## 教学观察：用眼睛去倾听

有些孩子天生性格外向，爱说、爱动、爱热闹、爱表现自己，容易引人注目，课堂上老师也喜欢找他们答问；但也有些孩子性格内向，平时沉默寡言，离群索居，很容易被忽视。但是，这些孩子观察世界往往更为仔细，情感与内心世界更为丰富，做事往往也更为专注投入，只是他们的表达方式与众不同，不善用口语和体态语言，而善于用写作、画画或是其他语言。作为美术教师，我想从绘画方面来谈谈自己的认识。

这几幅山水画的作者在课堂上从来一言不发，但是做事用心执着、一丝不苟。每画一幅画，从布局、起稿、皴擦、点染再到收拾整理都有条不紊地进行，不急不躁，不慌不乱。课堂上画不完，课后接着画，课后画不完，课堂再接着画，一直到完成。可以看出来，他每一次都不是为了画而画，而是为了美而画。他享受绘画过程，是在紧张局促的文化学习后的休息放松，是在山水之间的一次愉快漫游。读画也是读心，在日益浮躁的社会里，其从容淡定的心态令人刮目相看。我甚至认为，这样的学生就是我们期待的未来"大国工匠"之人才。

事实上，在学生群体里这样的人并不少，只是他们一直无声无息地潜伏着，渴望交流却厌恶俗套，渴望展示自我却没有被我们发现，没有引起我们足够的重视。尤其是以文化课为主导的一考定天下的年代，美术课被边缘化。美术老师消极应付，学校和老师很难发现美术课的亮点予以激励和鼓舞。也许，他们能像八位"国宝级"国家高级技师一样，把小事做成大事。

在观察的习惯上，认真仔细没有错；在学习作风上，精益求精没有错；错就错在少有时间和空间来容纳他们，少有学校和老师来发现和帮助他们。我们一方面在四处寻找人才，另一方面却又把人才扼杀在摇篮里，悲剧天天在发生。

多年前有一个美术班的学生，对形体和明暗的观察特别敏感细腻，绘画表现特别有耐心，就因为动作慢又倔强，读小学的时候经常被罚站教室门外，不被重视反而被欺凌和压抑，幼苗从小没有阳光雨露却还要承受风霜的肆虐，谈何茁壮成长？

"我劝天公重抖擞，不拘一格降人才。"这些孩子不善于炫耀自己，不善于讨好老师，他们说不好但是做得好，他们也许不是通才，但绝对是人才。

不仅仅是要为默默投身于美术爱好的学生说句话，也想为所有执着于自己兴趣爱好的中小学生说句话，我们需要用眼睛去倾听他们内心的呼唤，去发现他们特殊的才能，去呵护与善待，去激励和鼓舞。人才劝不来，等不来，不会从天上掉下来，需要发现和珍惜，需要挖掘和培养，需要创造宽松的、良性的社会成长环境。

## 教学行为：给点自由给孩子

县文联"秀美肥东"网站要我在美协版块开辟一个子栏目，叫"金色阳光美术工作室"，给我县中小学生搭建展示美术才华和学习交流的网络平台。我当然乐意，正在从各个渠道搜集和整理学生们的作品。晚上赏读初中一年级同学 D 同学的漫画时，被她精美的描绘所感染。

她的漫画都是原创的少女，人物比例匀称、结构合理，或妩媚俏丽，或洒脱俊朗，或矜持端庄，人物的服装华贵绮丽，飘逸雅致——你恐怕想不到这是一个初中生创作的。

看着漫画，难免让人想起《洛神赋》中柔情绰态、飘忽若神的洛神，想起敦煌莫高窟壁画上满壁风动的天女，想起T型台上袅袅婷婷、婀娜多姿的俏丽模特……人物设计的发型之美、装饰点缀之美、色彩搭配之美、线条张力之美、松紧节奏之美、气韵生动之美都令人击掌叫绝。由此，我看到一个不一样的世界，一个还没有被应试的推土机摧毁的美丽心灵家园，这里鸟语花香，仙乐飘飘。一个孩子，能这样气定神闲地自由表达，出神入化地自我发挥，严谨细致地精确描绘，实在是太幸福了。

兴趣是最好的老师。做自己最喜欢的事无疑是快乐和幸福的，但并不是所有学生都这样幸运。我曾见过一个孩子在墙上写道："大人不是好人。"问他原因，他说："在学校，老师天天布置无穷无尽的作业；回到家，家长没完没了的念叨还是作业，烦得很啊！"在作业的包围中，孩子们觉都睡不好，哪儿还有时间去打理自己的兴趣爱好？只有放弃。久而久之，孩子们自然生长的才华，没有了阳光照射，没有雨露的滋润，没有生长的土壤，必然会衰败枯黄。

作业，压得孩子们透不过气来。在这里，老师的认真、家长的关爱都被打上了双引号——无情剥夺孩子的时间、自由和生命健康的行为能说是善吗？

宋代大思想家朱熹说："孔子教人，各因其材。"2500多年前的孔子在教育中就能对学生听其言，观其行，从学生的秉性差异出发，实施不同的教育。他根据学生的不同资质，确定学生的培养方向。例如曾参资质愚钝，但他有自知之明，刻苦勤奋，注重修养，重视反思，谨慎谦虚，孔子据其潜质传以孝道，使其成为一代大儒，以孝闻名；子路粗野鲁莽，逞勇好斗，也许不是做学问的料子，但他刚强爽直，知过能改，孔子引导他向朝政事发展，并不断约束，促其改邪归正，终于使他由"野人"变成言行一致的"君子"，成为孔门政事科的杰出代表。孔子的教育不是从知识体系出发的以知识为本位的教育，而是从学生实际出发的以学生为本位的教育。

今天，我们大张旗鼓地宣传"立德树人"的素质教育，旗帜鲜明地推广教育改革。所以，我呼吁：给点自由的时间给孩子，让他们做一做自己喜欢的事，让他们想一想自己喜欢的事；给点自由给孩子，让他们去发现自己，放飞自己。给孩子一点自由，他们会回报我们意想不到的惊喜。

## 教学评价：小画子有大道理

在县小学生绘画评比时，经常看到一些类似简笔画的小朋友作品，看起来用笔流畅、造型圆熟、用色鲜丽，但主题和内容远离孩子的生活，手法上也明显成人化，显然是按照老师的意图来画的。儿童的情感和思维被成人所绑架，自然丢了本真，没有儿童的自由表达。这种儿童画毫无童趣，谈不上美。

出现这种现象的原因大约有以下几个方面：一是教师缺乏对儿童绘画心理的教学研究，把儿童画误认为各种形式的简笔画；二是教师缺乏美术专业素养，不了解儿童画中自然纯真的形式美感，误以为儿童画中的稚拙美是艺术丑，把儿童画等同于成人画；三是教师为了讨好家长，让不懂美术和教育的家长看了高兴。

原汁原味的儿童画，应该是儿童在自发状态或是老师、家长合理引导下的观察与感受的主观表达，有感、有情、有趣，率性自由，天真烂漫。其美在情、在真、在稚拙、在朴素。以一幅儿童原创作品为例：

作品是老师在引导小朋友观看故事短片以后，让孩子默画而成的，目的是帮助孩子养成有意注意和联想的习惯。故事的主要情节就是老鼠、猫、狗、老虎、河马比比谁的嘴大，表达"天外有天，人外有人"的意思。

**一、从绘画本体来看**

1. 童趣漫溢。调皮的太阳，排成队的云彩，睁一只眼闭一只眼的房子营造了诙谐的情境，妙趣横生，两条腿的动物稚拙可爱，反映了孩子是有筛选地观察和记忆，过滤了次要内容，突出了主体。

2. 符号巧妙。为了表现老鼠遇到猫、猫遇到狗、狗遇到老虎、老虎遇到河马的恐惧感，孩子借用了漫画的"曲线"符号语言，幽默风趣，有效提高了表现力。

3. 构图均衡。各类形象主次分明，大小适宜，位置妥当，有聚有散，表达意图清晰明确，线条疏密得当，让人看起来轻松愉快。

### 二、从绘画状态来看

1. 观察仔细。孩子在观赏动画片时，能迅速抓住房屋（包括屋顶、门）、动物的形态、动态、表情、细节等主要特征，并联系起来描绘故事情节。

2. 专心致志。仅仅看一遍就能画出来，反映了孩子过目不忘的形象记忆能力。好记忆的前提是观察的专注，这对于孩子来说十分难得。

3. 乐天心态。眼睛是心灵的窗户，心所思、眼所见、笔所绘，天性快乐的人自然喜爱幽默，喜爱幽默的人在绘画中必有表现。

### 三、从教师引导来看

1. 大禹治水。好画子不是老师教出来的，而是巧妙地引导和启发出来的。让大坝储满水，老师只管下点工夫挖通渠道，水即奔泻而下。我们不能用成人的眼光、书上的范画（假儿童画）来阻塞孩子自由表达的渠道。

2. 感性为上。对于小孩子来说，生活样样新鲜，他们时刻在发现着、探究着、感悟着。每个孩子的兴趣、爱好、情感、阅历、成长环境等都有所不同，放手让他们去观察、感知和表达，用绘画语言进行交流。

3. 线描魅力。色彩有时候能掩盖线条的表现力，没有色彩的画更纯粹和直接。所以，不是每一幅画必须要填色。很多小孩子（特别是男孩）只注重画而不愿上色，道理即在此，不必强制。

在老师的巧妙引导下，这个孩子的创作显然是成功的。儿童美术教学是一门艺术+科学的学问，需要老师蹲下来走进儿童的内心世界去观察、去倾听、去理解、去研究，需要运用儿童心理学、教育心理学、艺术心理学和艺术创作原理去解析和评判，需要教师用爱心、耐心去发现和沟通，所以儿童画的教学并非拿一本简笔画教材在黑板上抄一遍让孩子临摹那么简单。那些离开范画就无从下笔的孩子是被老师"教"坏了，"教"蒙蔽了观察的眼睛、麻痹了敏感的直觉、堵塞了情感的表达、误导了学画的方向、破坏了孩子的自信、违背了绘画的初衷，这对于孩子的发展很不利。所以，有时候"好心"能办坏事。

因此我认为小画里有大道理，老师和家长都应该多去观察、感知、理解和研究。

# 第五节　教学尝试

## 创意拓展：创"叶"无限

　　中职幼教班的《简笔画》教材内容比较单调，为了提高学生兴趣，我把简笔画运用到图案设计中，再做剪纸，学起来就有趣多了。进入冬季，校园里随手可捡的落叶又触发了我的灵感——做树叶雕刻。

　　课余，我下载几张素材打印出来，请来两位剪纸兴趣浓厚的学生，把自己的想法说出来，希望她们先做个试验，她们满口答应，并很快找来两片大树叶。我希望她们根据提供的素材进行构思立意再创作，并提出具体要求。准备工作做好后，学生买来小刀，细心刻画起来。一个多小时后作品完成，但形象的外轮廓缺少整理，不够美观。我又和学生商量，最终把雷锋形象的衣领以下的树叶剪开剔除，变成衣服，与左上方空白形成呼应关系，又让构图饱满起来，可谓一举两得。把《母与子》的背景改变为阴刻的桃子外形，既突出了主题和主体，又巧妙地处理了疏密关系，增强了形式美感。

　　做树叶刻画，先要把树叶煮熟，这样可以增强树叶的柔韧性和平展性，也可防腐。虽然我们在准备工作上还不够充分，但这次实验说明这种教学尝试如果在学生中推广，一定会很受欢迎。这样的话，学生可以制作出很多带有民间剪纸意味的树叶刻画来美化自己的生活，而制作的素材随手可得。

由此，简笔画+图案设计+团花剪纸+民间剪纸+树叶刻画+环境布置整个就形成了一条由简到繁、由易到难、由模仿到创作、由学习到生活的探究性和综合性的拓展尝试，形成一个趋于完整的知识学习与能力训练单元，实现学生观察造型能力、想象创新能力、装饰美化能力、动手制作能力、学习意志品质以及综合审美能力的训练。这让我突然想起了最近兴起的"微型课题研究"来。资料显示：

"微型课题研究"也称作微型科研，是指把日常教育教学过程中遇到的问题，及时梳理、筛选和提炼，使之成为一个课题，并展开扎实的研究。研究的着眼点主要关注于教育教学细节，研究内容是教育教学实践中碰到的真问题、实问题、小问题，研究的周期短，见效较快。微型课题研究以"小切口、短周期、重过程、有实效"为基本特征，以"问题即课题、对策即研究、收获即成果"为基本理念。

如皋市教科室副主任袁玥把微型课题的特点概括为"小、实、活、短、平、快"。

小，即微小。研究的范围小、问题微、人员少、时间短、成本低。这是微型课题研究最显著的特点。

实，即实在。研究要重实践，讲实用。首先是选题"务实"，要立足教育教学实际。其次，过程"踏实"，要在教中研、研中教，不游离于教育教学实践之外。再次，成果"真实"，强调在"做得好"的基础上"写得好"。

活，即灵活。首先，实施流程没有规划课题那么复杂。其次，组织形式上，可以单独，也可以合作研究。第三，选题灵活、自由，可以重复。可以说微型课题研究没有固定的研究模式，没有强制的操作流程，人人都可以研究，时时都可以开展，处处都可以进行。

短，即周期短。时间短的两至三周，长的三至五个月，最长的一般不超过一年。

平，即符合当地、当时教师的研究水平。微型课题对研究技术水平、理论水平要求不高，教师学得懂、做得会、用得上。

快,即见效快。研究周期短,问题解决快。

从实际出发,细微处入手,收获的是实效。这种看起来"微不足道"的研究却蕴含着学习认知与实践探究的大道,很值得推广应用,而在我们的日常教学中,这种课题无处不在。

做课题研究是教师头疼的事情,虽然教育主管部门年年提倡,但主要精力忙于课堂教学的教师却不太愿意做,做了也常常是东抄西摘拼凑完成,最终把结题变成一堆无用的文字垃圾,毫无实效。假如我们在日常教学中善于立足教学本位,联系实际去发现和思考,由 1 生 2,由 2 生 3……也就是抓住教学内容的一个基本点逐步拓展,综合纳入文化、创意、生活、实践等多元因素,充分发挥教师和学生的主动性,做一些力所能及又真实有效的小课题探索研究,就一定容易创造学生爱学、乐学的课堂,就一定能够做成研究型教师的真学问、大学问来,只要我们做个有心人。

## 翻转课堂:突出学生主体

说学生逃课,那是常有的事。说老师想逃课,您听说过吗?

在中职学校里,很多老师都有逃课的欲望,尤其是刚开学或是小长假后,学生们本来就没啥学习欲望,在假期的吃、喝、玩、乐、睡中还没有清醒,老师走进课堂那叫作活受罪,总想一逃了之。

上午,第一节上课铃响后,走入班级入目皆是闲聊的、玩手机的、吃东西的、梳头照镜子的,学生各玩各的,眼里就是没教师。教师走上讲台不得不用高八度的音调吼一声:"上课!"学生才稀稀拉拉地陆续起立,还有几个坐着不动,没等你还礼,又稀稀拉拉陆续坐下了,再各玩各的,就是不拿书本。这情景等于迎面泼了一瓢冷水,迅速浇灭教师的教学热情。

学生们本来就是学校三请四邀来的"贵客",他不满意可以随时换学校,得罪不得;而且,二年级的学生算是把学校和教师们的游戏规则看透了,知道谁也拿他没办法，更是我行我素；学校也希望教师别惹事，留住人。我带的班就有两人是从别的职校逃来的，说人家"管得太严"。近年学校招生难，多招一个学生都不容易，怎能把学生逼走？因此，很多老师只好装糊涂，睁一只眼闭一只眼，课堂纪律没有保障，教师没了尊严，人在囧途，心累。

我也想逃，只不过换了逃法，跟学生玩玩"翻转课堂"的游戏，让学生上讲台讲课，我做学生。我把本课"植物简笔画的表现方法"中的两个知识点"植物特征的形体结构概括"和"植物简笔画的简化与省略"分成两个微课题，给10分钟时间"备课"，要求学生图文对照仔细把书本看一遍，"明确一个目标，抓住几个关键词，理解了，画熟了，然后上讲台边说边画，录制下来做成微课。"这种玩法很新鲜，学生们都愿意试试。

这样一来，责任挪到了学生头上，我却轻松了。"备课"时间很快结束，该学生"表演"了。第一个"吃螃蟹的人"该是谁呢？让大家举手，教室鸦雀无声，没有一个主动的。那就"点将"，先让班长H同学上。她是个性格外向的学生，平时爱说爱动，比较活泼机灵，带个好头很重要。掌声中，她笑呵呵地走上讲台。

第一步是板书微课题"植物特征的形体结构概括"。第二步是讲授新知识，讲授过程中，她还不忘提个问题："什么是形体结构？"来让同学回答，"师生"有了互动；见有同学做小动作，她大声提醒一下，"请专心听课！"及时维持教学秩序；总体来看，知识点"如何概括"讲得比较清楚，只是语言有些重复啰唆。第三步是绘画示范，她边画边讲，可能是因为紧张，或是对自己要求过高，画了一遍，觉得不满意，擦掉，重新再画一遍，非常认真。

示范结束后，她准备回座位。我笑道："老师，你走了，我们怎么办？"她没有反应过来，惊诧地看着我。我说："你现在是老师啊，教完了不等于课就结束了吧？"她回过神来，连连点着头说："是的是的，还要布置作业！"我说："对，布置作业、巡视指导、作业评价都要有。"

于是，教学进入第四步。她说清作业要求后，就走下讲台边巡视边给同学指点，做得有模有样。第五步是作业评价，她找了两张认为画得好的举起来展示给同学们看，学的是我"瞧一瞧，看一看，走过路过不可错过"那一套。最后，在热烈的掌声中结束上课。看来，平时教师教学的老"套路"她是全明白的。

学生的掌声对她是最好的肯定。我做了简要的点评和鼓励后，第二位同学上台讲课，效果差不多，不再赘述。一次师生换位，换来了生动活泼的课堂。学生在角色体验中不仅能学会学习方法，还感悟到作为老师的责任与担当。

中职学校也必须大力实施课堂教学改革，不能再以本为本，以师为本；而要以生为本，把学习的权利交给学生，充分调动学生的积极性。教师不可以逃离课堂，但可以走下讲台，让学生做主角。

## 第六节　教学创新

### 德育渗透：一物胜千言，走进红色"活教材"
——渡江战役总前委旧址研学记事

不少中职学生学习上疏懒懈怠、不思进取，而在生活上却百般挑剔、奢侈浪费，这种现象让人忧心。平时，老师们有关职业生涯规划和感恩励志教育没少说过，但纸上谈兵终究缺少说服力。在庆祝建党100周年之际，我决定带领学生走出教室，到距学校西南3.8公里处的渡江战役总前委旧址瑶岗村，看一看、听一听、说一说、拍一拍、画一画，以史为镜，现场感悟老一辈革命家艰苦创业的优良传统，汲取精神营养，寻找成长的动力。

#### 观赏"渡江颂"书画展

我们走进瑶岗村，首站是参观渡江战役纪念馆常年陈列的"渡江颂"书画展。展馆门头上的"渡江颂"三个大字苍劲豪放，为中共中央原军委副主席张震上将亲自题写。进入展馆，迎门是邓小平、刘伯承、陈毅、粟裕、谭震林五人雕像，威武雄迈，英气逼人。东西两边是展厅，分三个部分：首先看到的是"将帅题词厅"，内设三室，第一室为元帅、大将、上将厅，看到的是陈毅、徐向前、聂荣臻等38位将帅的真迹。第二室为中将厅，第三室是少将厅。接着是党政干部题词厅，最后是书画厅。书画厅里展有书画大家舒同、赖少其等名人的墨宝。题词的内容有"渡江精神，光照千秋""创业流芳""纪念先辈，激励今人，召唤来者"等，昭示着渡江战役的重大意义，启迪后人继往开来。我充当导游，边引路边解说，学生们边欣赏边拍照，敬畏而激动。

## 探究渡江战役的意义

一个极为普通的小村庄，怎么会出现如此高规格的书画展呢？带着疑问，我们走进渡江战役纪念馆的礼堂，开启了20分钟的学习探究模式。

我先将任务学习单分发给学生，让大家带着"为什么说中国共产党的创业史是艰难困苦的奋斗史？为什么我们要感恩中国共产党的领导？我们将用怎样的行动来为中华民族的伟大复兴作贡献？"三个问题进入学习情境中。

接着，用PPT展示国画大师蒋兆和先生1942年创作的巨幅长卷《流民图》(前半部，后半部已经遗失)，引领学生从右向左浏览画面：一位拄着竹杖的佝偻老者，身边躺着气息奄奄的仰卧老人，一位妇女和一个牵驴人注视着，另两位妇女相拥而泣；往左，是抱锄的青年农民和他饥饿的家眷，抱着死去小女儿的母亲，旁边是在空袭中捂着耳朵的老人；中部是抱团取暖、凝视苍空的妇女和怀抱里的儿童，祈祷的老妪——断壁残垣，尸身乱卧，满眼乞丐；再往左，是乞儿、逃难的人、断腿的工人……作品表现的是日本侵略者肆意践踏祖国大好河山，数百万人民死去，幸存者流落街头，无家可归的"世乱民多散、年荒鬼亦饥"的悲凉与凄苦景象。学生平时上网看的都是花花绿绿的娱乐节目，哪儿见过这种凄惨的场面，在沉默与思索后，她们用"悲伤""痛苦""挣扎""绝望""恐惧"等关键词精准地概括了自己的感受，解读了在日军铁蹄践踏下的百姓"人不为人"的生存状态。

我说："经过中华儿女的浴血抗战，终于迎来了抗战的全面胜利；但是硝烟再起，蒋介石冒天下之大不韪挑起内战，国统区的人民依然生活在水深火热之中。请看图！"——大屏幕上出现了解放区军民打土豪、分田地喜气洋洋的画面，而国统区路边乞讨的母亲和孩子，母亲的棉袄又脏又破，而她的两个孩子被饿得瘦骨嶙峋、皮包骨头，十分可怜。两种景象对比鲜明。

"所以，毛泽东主席和朱德总司令发出向全国进军的命令。瑶岗村就是'打过长江去，解放全中国'的渡江战役总前委所在地。"

大屏幕上推出邓小平、刘伯承、陈毅、粟裕、谭震林的合影，他们穿着皱巴巴的土布棉袄，乐呵呵地站在低矮的土房前——指挥了百万雄师过大江的前沿阵地。接着展示江北地区解放军指战员神情专注地围着旧木桌研究作战地图的一组彩色照片，他们面庞黑瘦却精神矍铄，衣着简朴却神采奕奕，背景是简陋的茅草房。有学生小声说道："原来渡江战役的胜利是在这样艰苦的条件下取得的！"

我接过话茬："对，艰苦的条件，说明胜利来之不易！"接着观摩纪念馆提供的渡江战役纪录片，短片介绍了中国人民解放军第二、第三野战军，以及四野十二兵团组成的百万雄师，以木帆船作为主要的渡江工具，一举突破国民党海陆空联合封锁的长江防线，并势如破竹地向江南地区进军，先后解放南京、上海、杭州等地，宣告了蒋介石集团的覆灭，加大了全国解放的进程。最后是毛泽东主席在天安门城楼庄严宣告："中华人民共和国中央人民政府今天成立了！"短片时间不长，但气势磅礴，振奋人心！

## 参观总前委和华东局旧址

随后，我们跟着导游向东200米，去参观渡江战役总前委旧址。

绿树葱茏中的总前委旧址是三进四厢两座四合院。房子屏门格扇，古朴典雅。一进正屋东房为陈毅卧室，西边一间是舒同的卧室，最西边一间是刘伯承的卧室，两侧厢房是警卫人员的居室。各居室大小、布局基本相同。二进正厅是总前委会议室，正面屏风上悬挂毛泽东、朱德的画像，北侧正中的展橱里展出的是渡江战役前夕，邓小平主持召开的一次总前委、华东局联席扩大会议，部署渡江作战任务和接管江南新区及支前工作会议的纪要等项文字材料。总前委书记邓小平的卧室在二进的东间，室内按原状陈列着架子床和一套西式办公桌，还有邓小平当年用过的一盏煤油灯。挨着总前委旧址西边的是机要处旧址，它是三进四厢，两座四合院，总前委进驻瑶岗后机要处工作人员曾生活、工作这里。

走出总前委旧址沿路向东北100米不到，是华东局旧址，为两进两厢四合院。门上方的"中共中央华东局瑶岗村旧址"匾额是原华东局第三书记魏文伯题写，字体苍劲有力。一进是饶漱石、张鼎丞和曾山的办公和住宿处。二进是会议室和工作人员办公和住宿处。

两栋旧址刚经过翻修，端庄、整洁。室内家居仅限于办公桌、床、椅子或凳子，这倒让每个窄小的房间显得空荡、宽阔起来。总前委和华东局高层领导的生活如此简朴，正是中国共产党艰苦奋斗优良作风的真实写照。学生身临其境，方能真切感悟。

参观结束后，进入手机摄影和线描写生的自由活动环节。面对实物、实景的创作活动，能进一步加深学生对"创业维艰"的理解，或能让她们终生难忘。

## 交流研学心得

最后，我们在总前委旧址前的小广场集合，以小组为单位谈谈参加此次活动的感受。

有人说："来之前，以为总前委应该是高楼大厦，原来只是两排小房子，里面的设施还那么简陋，太意外了！"

有人说："在中国共产党的领导下，中华民族才能由积弱贫穷变为繁荣昌盛，我们要感恩回报！"

还有人说："我们应该继承艰苦朴素的优良传统，虽然谈不上创业，但一定要勤学苦练，完成学业，早日成为国家建设的有用之才。"

我总结说："创业维艰，奋斗以成。希望同学们将自己的感悟转化为学习行动，有梦，有为，尽早投入中华民族的伟大复兴光荣行动中。"

一物胜千言，把美术课堂搬进红色教育基地，让美育和德育深度融合，可以围绕立德树人的根本任务，培养学生热爱中国共产党的思想情感，激发学生树立创业理想，坚定创业信念，在艰苦奋斗中创造自我价值和社会价值。

## 《包公家宴》走进包公学校

2020年11月，我们工作室团队的一堂《包公家宴》送教下乡课引起广泛关注，人民网、学习强国、光明网、《潇湘晨报》、安徽文明网、中安在线等十多家媒体分别做了报道和转载，社会的肯定为工作室团队的地方美育、德育综合文化课程开发增强了信心，增加了动力。

### 一、缘起

闻名于世的北宋名臣包拯，又称"包公""包青天"，是合肥市肥东县包公镇人，他铁面无私，廉政为民，为千百年来百姓所颂扬。近年，肥东县包公镇将包公的公正廉明精神和当下的新时代精神文明建设结合起来，推出一套"包公家宴"菜谱，为婚丧嫁娶中持续攀升的人情消费和越来越高的酒宴规模"降温""瘦身"，获得中纪委的点赞。《包公家宴》一课的设计灵感即源于此。

我们工作室为丰富学校美术教育内涵和学生精神文化生活，十分重视利用地方文化资源建构美术创新课程的探索和研究，有关课题研究如《基于包公故里廉政文化的美术资源开发研究》《基于肥东龙城古文化的陶艺教学研究》《基于肥东长临河古建筑文化的美术创新课程研究》等课题研究项目已经进行了初步论证。借用"包公家宴"菜谱，在包公故土包公学校让学生用黏土做"菜"，提高塑型、混色、配色等审美创造能力，在美育中同时实施德育渗透，可以让"清清白白做人，干干净净做事"的校训在美术课堂呈现，这也是围绕"立德树人"的核心素养目标进行教学的具体体现。

我将想法公布后，获得工作成员的一致赞成，当即任务落实到人，由工作室成员洪丽和学员朱琳莉（包公学校）两位老师结对完成。

## 二、备课

任务落实以后，两位老师就紧锣密鼓地行动起来。一方面上网查阅和搜集文本、图片和视频资料，一方面商讨教学方案，并作具体工作分工：洪丽老师买来黏土、盘子等材料后，争分夺秒地研究菜谱内容，了解各类菜肴的造型、色彩、配料特点，仔细研究黏土制作、彩色吸管剪切调料等方法和技巧，动手制作菜肴模型，推敲教学方案的可行性；朱琳莉老师负责后勤准备，安排授课班级、教学场地，准备一次性厨师帽、围兜及相关用品。她俩初步拟定教学方案后，将教学设计和课件发到群里，再发挥集体备课优势，认真梳理、逐层推敲。这样的备课，既突出了个人想法，又在交流中得以完善，效率高，受益面大。一堂创意设计课一周内就完成了。

## 三、授课

送教课由洪丽主讲，朱琳莉协助，共分为六个环节。

1. 导入新课。先从包公廉政文化的故事导入，通过视频介绍"包公家宴"的由来、意义和菜名的丰富内涵，倡导勤俭节约的风尚。

2. 新知探究。接着欣赏用彩泥制作的十二种精美的菜肴模型，成功激发了学生的学习兴趣和创作欲望，再迅速进入"菜肴"制作的搓、揉、捏、压、团、拉等造型、混色、搭配的技法探究中，教学活动循序渐进、有条不紊，师生互动十分默契。在此过程中，学生一直身体前倾、眼睛像钉子一样盯着前方看，专注投入；而他们答问的从容与智慧又让人刮目相看，如"红烧河虾"根据动作可寓意为"躬身自问"；"葱拌豆腐"根据色彩可寓意"一清二白"；"糯米莲藕"特性上可寓意"大公无私"……在众目睽睽之中略加思索即脱口而出，毫无紧张和拘束之感，实在惹人喜爱——别小看乡村的孩子！

3. 创意实践。进入创意实践环节时，学生戴上两位老师精心准备的一次性口罩和厨师帽，围上小围裙，完全进入了"小厨师"的学习情境和角色中，他们根据事先准备的任务学习单要求，两两合作，分工有序，动作迅速，在生生互动、师生互动的和谐、轻松和愉快的课堂氛围中，捧出了一盘盘精美的"菜肴"："大蒜炒白干"寓意"清白人生"，"米粉肉"象征"蒸蒸日上"，"白菜圆子"诉说着"圆梦小康"的心愿……不知不觉，一桌丰盛的"包公家宴"（十四"菜"一"汤"）就呈现在大家的面前，形色俱佳，美轮美奂，让人看了眼馋。

过去，听过很多美术公开课，每当学生实践时，听课教师似乎觉得学生作业与自己无关，进入休闲状态；而这节课不同的是，所有教师都好奇地围着学生转圈儿仔细看，有的甚至忍不住与学生互动起来，课堂气氛十分热烈。

4. 展示评价。到了展示评价环节，"小厨师"们争先恐后地走到台前大大方方地介绍自己作品的制作方法和立意，勇敢、幸福而又自豪，把教学推向高潮，让人感觉甚为愉悦舒畅。

5. 小结拓展。洪丽老师用采访的方式让学生谈谈本课学习感受，学生说："通过这节课的学习，让我在提高用彩泥塑型、混色、配色能力的同时，作为包公的家乡人，真正理解了'清清白白做人，干干净净做事'的校训和推行'包公家宴'的意义。"老师又把学习内容延伸到生活实际，她希望同学们"热爱劳动，勤俭节约，回家后学会亲手制作真正的'包公家宴'，做包公廉政文化的传承者。"

四、观感

这节课显然是成功的，浓缩起来可以用"九讲"和"九美"来概括。"九讲"是讲生活、讲知识、讲技能、讲创造、讲情境、讲文化、讲传承、讲德育、讲美育。

1. 讲生活。课程设计紧密联系现实生活，容易激发学生学习兴趣和积极参与的意识。

2. 讲知识。重视造型与色彩基础知识的学习与探究，师生互动有效发挥了学生主体和教师主导作用。

3. 讲技能。重视"菜肴"的塑型、混色和颜色搭配，提高学生造型和审美能力。

4. 讲创造。一是教师课程设计的创造，二是学生作业实践的创造，应为"双创"。

5. 讲情境。穿戴口罩、厨师帽、围裙，轻音乐伴奏，很容易让学生进入"小厨师"创作情境中。

6. 讲文化。将包公廉政文化知识融于课堂，实现美育、德育的有机结合。

7. 讲传承。倡导包公廉政文化的学习与传承，让包公故里的下一代做合格的廉政文化传人。

8. 讲德育。以"立德树人"为核心目标，教学设计和指导围绕培养全面发展的人展开。

9. 讲美育。润物无声，把美贯穿在整个教学过程之中，潜移默化地影响学生。

"九美"是创意美、设计美、语言美、教态美、合作美、细节美、行为美，作品美、展示美。

1. 创意美。本课把肥东县包公文化园"包公家宴"变成手工制作搬进课堂，把"舌尖上的美"转换为"指尖上的美"，创意独特。

2. 设计美。选材、设计和样品制作精致秀美，学生用具价廉物美。

3. 语言美。教师教学语言精练、准确、流畅，语调抑扬顿挫，悦耳动听。

4. 教态美。教师举手投足恰到好处，优美典雅，显示良好的内在修养，给学生做出表率。

5. 合作美。教师的两两合作、学生小组的两两合作和师生互动的合作都和谐默契。

6. 细节美。教学设计和过程中，重难点处理直观、恰当、有效，教学引导具体细致。

7. 行为美。学生听课专心致志，创作耐心细致，尤其是下课前将散落的物品细心收拾好，体现了良好的行为习惯。

8. 作品美。学生作品在塑型、配色、摆放上都体现出良好的审美能力和素养。

9. 展示美。最终作品展示的方式及师生合影是课堂教学的延伸，把美进行到底。

台上一分钟，台下十年功。"九讲""九美"既遵循美术学科核心素养，又超越了学科核心素养的局限，走进社会主义核心价值观的大教育之中，其背后蕴藏着两位老师多年的学习积累、课前的精心谋划、真诚的责任担当和勇于实践的探索精神，为本地教师挖掘和整合地方文化资源、创新性开发具有特色和文化内涵的校本美术课程做出了榜样。

当然，本课也有瑕疵，个人认为：

1. 选图需更精准。课始，用电视剧《包青天》剧照导入新课不如换作真人画像，然后再出示系列影视、戏剧、动漫剧照，说明"包青天"在我国历史上久远、深刻的社会影响。

2. 问题带回去。学生实践过程中，混色是个难点，大部分同学做得很好，但也有油炒大虾、红烧肉等"菜"的色彩就不够准确，虽然课堂教学时间有限，但可作为问题提出让学生课后继续探究。

3. 着装要推敲。主讲人服装宽大深沉，显得有些沉重，与轻松愉悦的课堂气氛不够协调；另外也应该与学生一道在创意实践时戴上口罩与厨师帽，围上围裙，融入整体活动之中。

金无足赤。没有最美，只有更美。因两位老师的倾心付出，包公学校和工作室团队的协作支持，这堂成功的送教课为肥东传统文化资源有效融入美术课堂的校本课程探究拉开了序幕，相信以后的创意课会越上越精彩。

# 第七节　在线课堂

## 知己知彼：在线课堂谨防"掉线"

　　从去年秋季开始，我省投入巨资在各县乡镇中心校兴建在线课堂教学点，实施在线课堂教学模式，让学生在家门口的农村教学点就可以接受中心学校老师的指点，弥补英语、音乐和美术教学点师资不足的问题。学生看着大屏幕就能够跟着老师学英语、学画画、学唱歌，还能够互动对话，隔空点"学"，对于推进城乡义务教育的均衡发展无疑意义重大。

　　因为是在线课堂，教师和学生分别位于数据线的两端，面对的都是虚拟空间，并非真实的面对面交流，因此在组织教学上教师无法控制学生的行为，需要配有专任教师协助课堂教学管理以求实效，这是在线课堂教学的常规。去年夏天参加了我省在南陵县举办的在线课堂培训会时，现场观摩了一堂成功的音乐教学课，因此对在线课堂教学也寄予着美好的希望。

　　但最近观看了县里几个中心校美术教师的教学比赛课，感觉问题不少，心生忧虑。

　　一是辅助教师的缺位。有一节课连线两个教室，但上课以后始终看不见辅助教师，有一个教室里的学生吃的吃、玩的玩，像是在小吃部或是自家的饭桌上，有两个还很长时间背对着黑板，根本没把线上的老师放在眼里；另一个教室里的学生开始还认真听讲，过了一会儿见辅助老师没来，也都各自玩了起来，尤其是拐角的几个学生，玩着"石头、剪刀、布"那才叫开心！直到下课前5分钟，才看到了一个老师嘴里叼着一支香烟"闪亮"登场，然后又忽闪出去，不见人影。孩子毕竟是孩子，好玩好动是他们的本性，没有辅助教师的管理如何保证课堂教学的顺利进行？

二是授课教师的无为。虽然是在线课堂，但教师在教学过程中当随机应变，可以用语言提示来实施组织教学。但让人费解的是，授课教师对学生们的交头接耳和打打闹闹视而不见、无动于衷，似乎和自己没有任何关系，不采取任何措施予以制止和引导，只管自己说不管学生听。上课的都是年轻教师，面对无人听课的学生能淡定到这种程度，其涵养倒真的让我"佩服"。

三是授课教师的教学。授课教师首先就没有认真地组织教学，在导入新课环节又粗疏草率、单调乏味，没有激发学生学习兴趣，在学生注意力涣散、还没有进入学习状态时就匆忙地开始了新课学习，显然没有开个好头。观察她们的教学内容，比较浅薄，在有趣、有用等方面挖掘不够，同样的单调乏味，缺少吸引力；加上教学语言贫乏、教学方法单调，学生听不进课也是理所当然的了。有位教师像大学教师开设讲座一样面面俱到，侃侃而谈，在新知识的学习上占用了半个小时，导致学生根本没时间完成作业，更不说教学评价和课后拓展了。另一位教师在学生作业时自己同时在黑板上示范作画，她的画没有一个学生抬头看——也幸亏没有学生看，因为她自己也画不好，把恐龙画得像一个在地上爬行的胖乌龟，也因为她照葫芦画瓢的呆板画法给孩子的是负面影响，不利于孩子观察、想象和创造意识的培养，授课教师的教学能力和素养亟待提高。

四是授课教师的准备。在线课堂教学实施之前，授课教师要主动与教学点教师进行沟通，协调好各方面的关系，分清并承担各自的责任；同时还要了解教学点的校情和学情，做到备课上课有的放矢，力争有效教学。还可以就地取材，挖掘乡土教育资源，开发校本课程，上学生喜欢上的课，做学生喜欢做的事。但我看授课教师显然没有做好准备工作，似乎只是为了完成任务而上课，消极被动的授课没有任何意义。

我看到的美术课肯定不代表在线课堂教学的全部，但赛课尚且如此，平时做得如何就可想而知了。还是想提醒授课教师、教学点辅助教师和教学点所在的学校，在线课堂的教学模式虽处于起步阶段，但经过实践的检验和论证，已经有了比较成熟的操作经验，是基本能保证教学任务完成的。查阅资料，发现此地也已经实施一学期又两个多月，应该总结了一定的经验，可我看到的低效、无效课无疑是对新教育资源的浪费。在线课堂，但教师的态度和行为不可以"掉线"，也希望主管部门在监管上加大力度、严格要求，保障在线课堂发挥应有的作用。

## 入乡随俗：线上课堂的线下准备

在线课堂的创建，是因为偏远乡村缺少相应的专业教师，如美术、音乐、英语等，所以采用一对一、一对二，最多一对三的数字教学模式来弥补师资短缺的遗憾，放大优质教育资源的价值，加快乡村教育均衡发展的脚步。

在线课堂教学技术并不难掌握，真正值得我们用心研究的应该是联系学生实际的课程开发与创新，摆脱过于依赖教学技术所带来的惰性。技术仅仅是手段，并不是目的。

在线课堂教学服务的对象是偏远的乡村学校，乡村接受学校与授课的中心授课学校之间的校情、学情都不相同。以美术课为例：

我县在线课堂授课教室设置于经开区中心校，授课教师自然以县城经开区美术教师为主，授课内容也以本地通用教材人美版九年制义务教育美术教材为依据。可以想象，一个连美术教师都欠缺的乡村学校，如何能让学生备齐全国统编教材所需要的学具，没有了学具，除了"欣赏·评述"版块可以任教师自由发挥外，其他三大版块如"造型·表现""设计·应用"和"综合·探索"模块如何教学？

因此我认为：如果不让在线课堂走过场，搞形式主义，任课的美术教师就必须要走进乡村，调查研究，开发乡土美术教育资源，就地取材，因材施教，只有这样才能取得预期的教学效果。

我十分赞赏梁恕俭老师在《课堂如何创新与生成》讲座中，对"有趣、有用、有关系"的教学内容的论述，我从教30多年，从乡村中学走进县城学校，因为想让学生多学一点、多做一点，也因为一直保持阅读《中国美术教育》等主流刊物，与时俱进，早在新课程改革之前就能紧密联系学生生活、学习需要灵活处理教材内容。不离大纲却生动活泼，颇受学生欢迎。

比如，我可以让学生用彩色废纸拼贴画来表达对家乡岱山湖的热爱，剪刻《连年有余》的团花用于烘托新年气氛，用美丽的旗袍设计来作为母亲节礼物，用亲手绘制的吉祥图案装饰贺卡赠送友人、亲人和老师，用橡皮雕刻书画印章，用绘制青花装饰图案来美化教室环境，用葫芦、空酒瓶绘制戏剧人物脸谱，用枯根制作人物、动物、器物等造型，用秸秆和旧衣物制作稻草人，用泥巴塑造农耕文化中的农具和动物，用树叶拼贴动物、风景等等，这都需要联系学生生活实际，开发学校和学生欢迎的校本课程。

因此，乡村美术在线课堂要摆脱对书本和信息技术的依赖，主动探索适合教学环境和教学对象的课程开发，做到有的放矢，让学生愿学、乐学，主动积极并创造性地学习。

我建议，在线教学的教师，要离线走进乡村、走进学校、走进学生，调查研究，开拓创新，教授适合学生学习需要的新课程，让在线课堂变成学生快乐的成长空间。否则，劳民伤财，出力不讨好。

# 第八节　教学交流

## 网络平台：我们有个美丽的"家"

　　县美术名师工作室在网易"安家"了，网页是我自己设计的，这是爱学习的好处。所以选择网易博客，不仅因为它的容量大，更因为网页设计比较自由，可以随心所欲，做得美观实用。

　　首页用浅绿灰底色衬托白色的主题板块，版块分割上分为左右两栏，简洁明快、单纯朴素，符合教育主题。

　　顶区也是白底子，有图有文。左边是七头奋力拓荒的牛，象征团队，右边是工作室名称，名称下方的小字"锐意进取，开拓创新，享受教育人生"是我们的座右铭，右下角一方"美术教育"红色篆体字印章与左边的群雕相呼应平衡了布局。

　　中区先横向设置目标简介、通知公告、活动开展、教学设计、教育随笔、师生作品、成果奖励七个栏目，眉目清楚，既方便工作室成员上传材料，也便于读者阅读。做这个小版块需要懂得如何添加自主模块，再通过编辑日志、链接代码完成，虽说技术难度不大，但花费的功夫却不少。其下方是团队成员照片和名字，这部分将链接到每个人的个性空间，点击就可以浏览他们的网页，了解他们的学习、工作情况；左边是自动翻页的焦点头图，能够一目了然地反映近期开展的主要活动。

中区的主模块可以同时推出五篇文章，除工作室主持人介绍、目标、规划和管理草案是固定的，其他都是近期活动和成员的教学展示与思考。侧栏设置了流动通知与公告，找来代码就能做好，每次更新的时候都要重做链接，可能会耽误点时间，但动态呈现能够引起人的注意，这是设计的初衷。其下方链接了"中国教育新闻网"和教育部新课程标准研制组核心成员、浙江师范大学硕士生导师李力加教授，教育部国培专家、著名特级教师李正火和魏瑞江老师的博客，方便工作室成员了解教育动态，随时拜名师取真经，其中还链接了著名语文特级教师李镇西的博客，我希望工作室成员能够由此汲取成长的精神力量。其下方设置了"工作室成员和学生作品"栏目，封面用的是动态风景图，山光水色十分优美，其象征意义不言而喻；这里直通博客相册，点击后每个成员和学生作品一目了然。再下方是全国名师书画课堂版块，主要是国画和书法，包含了北京徐湛老师的花鸟画、吴莲教授的新芥子园画谱的直观演示，还有安徽卫视"我爱诗书画"栏目以及书法笔法的动态演示，为读者学习传统书画艺术提供便利。

底区链接了教育部官网、安徽教育网、合肥教育网、肥东教育体育网以及相关艺术网站，同时链接音乐盒，自动播放童声合唱的《同一首歌》作为首页的背景音乐，希望我们团队成员与社会、学校、家庭、孩子唱着《同一首歌》阳光快乐地前行。

首页选择的是自定义模块设计，模块标题和无关的版块都做了隐藏处理，让页面更为简洁。纵览首页——主题突出鲜明，图文并茂，动静相生，风格朴素大方。这样的设计处理，竟然把博客做得像一个小型网站，一般人难以分辨。

每个团队成员都有账号和密码，可以随时上传自己的资料和成果。博客建成后，现已上传日志39篇，图片360多张。大家集中学习，撰写心得。

网络为我们提供了极大的便利，希望我们能够热爱这个网易新家，用自己的教育思考和劳动成果来充实它、美化它，在开拓创新中不断成长，成为名副其实的名师，在地方美术教育改革中起到示范、引领、带动和辐射作用。感谢网易为我们提供了这么好的平台！

## 现场反馈：别跟自己过不去

众兴中学是我县乡村名校，也是合肥市示范高中和艺术特色名校，在城镇化加速发展的背景中能够逆势生长，自然是领导和老师们众志成城拼出来的。眼下学校独立的艺术楼拔地而起并投入使用，教学条件改善了，但负责高三美术教学的老师们似乎并没有乐起来，原因恐怕是任务重、时间紧，学校又寄予厚望，心理负担很重。是的，与外面美术培训学校相比，学校要专业、文化两手抓，眼看再过两个多月就要专业联考了，别人都在全力以赴地集训专业课，他们还要让出半天时间给学生学文化课，谁能不急？

教学视导中听美术教师们不停诉苦，就想聊几句做交流；时间紧就更应该注意策略。

1. 分一分。在现有绘画基础上，根据考试要求把各科（素描头像、色彩静物和人物速写）知识点递进式分成若干部分，层层攻关、各个击破。比如素描头像教学的构图、抓形、明暗、主次、虚实等表现，从整体到局部，有条不紊地分步进行强化练习，稳打稳扎、步步为营，这样看起来耽误时间，但"磨刀不误砍柴工"，只有系统、有序、扎实的基本功训练才能获取教学的高效。而且刚配备的多媒体也为教学示范、欣赏和分析提供了有利的条件，要有效利用起来。每天、每节课的目标要明确、落地，解决难点要有策略和方法；基本训练步调要统一，否则课堂上你画鼻子他画眼，学生带着教师转，像放羊一样，羊群东奔西突逼着人东奔西跑，不累才怪。

2. 背一背。背书是写好作文的有效方法，背画同理。据说徐悲鸿在中央美院的教学中就曾要求学生默画人体，理解了再熟记，有助于掌握表现规律。如头像的结构关系、黑白灰关系等，局部可以具体到线的虚实（如上下眼睑、嘴唇轮廓的表现），再如色彩的色调表现与局部塑造，速写关键部位的衣褶表现、手的画法等，"猴子摘玉米"式的教学必然低效。在"分一分"的基础上化整为零，每次背一点，日积月累，量变促进质变，早一点背就早一点受益。还可以让学生利用散步时间在脑子里"放电影"，利用休息时间巩固记忆和理解。

3. 歇一歇。那些不断重复着错误的学生，是因错误的观察方法制约，导致裹足不前，进步很慢。他们不良的学习习惯最让老师头疼，即使老师盯着改，只要一放手他就出错。对待这样的学生，放任他们重复犯错倒不如果断地让他们停下来，坐到基础好的同学身边观摩、学习。基础好的学生是重要的课堂教学资源，要善于发挥他们"小先生"的作用。让同学互助是"三赢"的事情，既能让做"先生"的增强自信，又能帮助后进生补缺补差，还能省去老师的时间和精力。

4. 放一放。手指伸出有长短，学生的能力水平不可能一致，必须分层教学。高考评分，先是看大关系分段，因此对待基础明显薄弱的学生要求不要过高，要引导他们掌握画面整体关系的表现，保证大分不丢。平时训练中每一步目标要明确，有限的时间做有用的事，别让他们过多陷入局部刻画，捡了芝麻而丢了西瓜。放一放，是教育科学也是教学艺术。

5. 松一松。专业集训中，没日没夜的疲劳战常会让学生感觉迟钝，收效甚微。因此教师和学生都该劳逸结合，学会放松自己。做到"战略上藐视敌人，战术上重视敌人"。把学习当作游戏是心理上的放松，开开玩笑、唱唱歌是心情上的放松，跑步打球是身体上的放松……松松紧紧，紧紧松松，松是为了紧，是为了酝酿更饱满的兴趣和激情。文武之道有张有弛。

6. 转一转。抽空到隔壁画室转一转，交流经验，取长补短，身边的资源不可浪费。适当的时候还要到市里的优秀画室看看，看风向，取经验。画风年年在变，虽说万变不离其宗，专业基础永远是第一位，但掌握必要的考试信息，适应当年的绘画形式感要求也是必要的。人脉资源可以利用，众兴中学的教师曾到杭州中国美院接受过培训，要和那里的老师、朋友多联系，获取有价值的资讯。

  说这些的目的只有一个,就是提醒大家在考前专业集训中放下包袱,精神饱满地轻松应对,巧干而不蛮干,提高教学效率。

## 第九节　加油充电

### 向榜样学习：令人肃然起敬的"小学生"

营云是合肥体育运动学校皮划艇高级教练，安徽唯一"国家精英双百教练员"、国家青少年训练先进工作者，享受国家体育总局资助，被国家体育总局教练员学院聘请为培训班讲师。自1992年开始至今20多年，为国家及省市培养和输送了大批优秀赛艇和皮划艇体育运动人才，其弟子在省及国家、国际大赛中取得优异成绩，在省运会上获得金牌32.5枚、银牌34枚、铜牌29枚、团体总分三次获得全省第一，全国大赛获得金牌14枚、银牌13枚、铜牌17枚；世界锦标赛第五名、第八名、世界杯第四名；2010年广州亚运会获得女子四人皮划艇冠军，亚洲锦标赛获3枚金牌；2012伦敦奥运会第四名、全国锦标赛冠军，2013全国冠军，2014年世界杯冠军……为国家及省市争得了荣誉。对此，安徽省各大报纸都对他有过大篇幅报道。

因在市政协全会期间，两次被安排和营云教练同住一房间，我对他颇为了解。他虎背熊腰，50多岁的人却像"小学生"一样谦逊爱学，誉满天下却不倨傲，让人敬佩。

记得在一次市政协全会上，他受体育界委托做大会发言。按说见过大场面的人，上主席台读一篇稿子不是难事，但他会前周密的准备令人刮目：先是找到在香港卫视的侄儿把稿子朗诵一遍，录下来模仿；还把容易读成家乡（宿州）方言的词语标上拼音字母，再用笔标出每一处断句；此后，反复朗诵给当教师的妻子听，让妻子帮他纠错。

2400多字的稿子，在大会规定的10分钟内讲完，按他这个北方人说话的语速，可能无法按时讲完。但稿子内容已经由大会秘书处审阅，不便删改，因此只有合理加快语速。为此，他又让我当他的"陪练"，反复读给我听，战战兢兢如小学生般，每读完一遍都弄得满头大汗，演练了20多遍才觉满意。为不影响我休息，夜里他又带着发言稿回自己家去练习。

这件事，让我忽然明白他在教练员岗位上取得累累硕果的奥秘了。《合肥晚报》对他取得"双百"教练员的荣誉有报道：

……也许正是吴亚男在国家队中的出色表现为恩师带来好运。在这次评选中，安徽上报的10名候选者，其他9人在第一轮就被刷下。尽管培养出了像吴亚男这样的优秀选手，但是打铁还需自身硬，营云在这次评选中准备工作做得相当充分、扎实。

评选的最后一关是面试环节，在10月份的面试中，营云被安排在了最后一天。而他在北京等待面试的三天中，没有出过宾馆大门一步。全部时间都花在了看材料上。面试总共只有10分钟的时间，需要回答三道题目，而营云写了5000多字的内容，要想在10分钟内把5000多字的内容完全讲完根本不可能。于是他就关起门来反复看材料，前前后后总共看了有40多遍，最终将准备的内容烂熟于心，面试时才从容应对。营云透露，他在温习材料的三天中，为了节省时间就光点水饺让服务员送到房间中吃，三天总共只吃了6顿水饺。

营云教练坚定执着、精益求精的工作作风成就了学生，成就了国家皮划艇运动，也成就了自己。如他所说："每做一件事必须要尽最大努力，哪怕饭不吃、觉不睡也要做好。"有了这种执着经"营"的韧劲，还有什么困难能挡住他！他因体育训练没上过大学，但早在 2007 年，论文《加强人文竞技体育》就发表于《安徽日报》，并因观点新颖被很多研究者引用；论文评比也常在省里拔得头筹。去年，他撰写的两篇文章《艇中玫瑰——吴亚男》和《平凡中走出的精英》入编了合肥文史专辑《运动的足迹》一书，几万字的背后凝聚着他大量的心血。

我们时常为眼下教师"教书"却"不读书"而感慨。营云不是"教书"的却在读书，最近，他在读《毛泽东选集》。他十分推崇毛泽东博大的胸怀和坚强的意志，认为只有大胸怀才能做大事，只有刚强的意志才能做好大事；只有把毛泽东"为人民服务"的思想定位为教育工作者的职业精神，才能"沉下心来教书，静下心来育人"。他认为时下报刊热词"贴地而行"就是毛泽东"从群众中来，到群众中去"的调查研究的工作作风的翻版，佩服毛泽东的高瞻远瞩和深谋远虑。他反对教育教学中那些只唱高调不做实事的空头理论家，尤其反对那些缺少调查研究、缺少实践探究，为课题而课题的东抄西摘、华而不实的"研究"行为。他极力反对竞技体育中为得奖而违背人本的做法，推崇毛泽东"发展体育运动，增强人民体质"的大体育精神，认为体育运动要实施人文竞技，要图谋运动员的可持续发展和未来生活的幸福。他运用毛泽东的军事战略思想指导自己的教学实践，如运动员在竞技比赛中，相持阶段一定要坚定必胜的信心渡过难关，等待机会奋力反攻才能取胜。

试想，有多少人能捧着毛泽东的经典著作边阅读边思考，活学活用？一个已经成名的体育教练尚能像"小学生"一样如此爱学，我们这些普通教师岂能无动于衷？

我愿做"小学生"的小学生。

## 向优课学习：敢问"奖"在何方？

偶然看到安徽省教育网关于《肥东县学科德育精品课程获部级殊荣》的

报道，颇为兴奋——本县美术课有史以来最大的殊荣。因为参与了黄丽丽老师《生活日用品的联想》这节精品课的指导和推荐工作，深知黄丽丽为此课的巨大付出，就此谈点感想。

1. 信息，走过路过不错过。一般美术教师们忙于自己的琐事，很少关注教育网站信息，因此很容易错过各级主管部门发布的有关教研活动信息，本课录制原是参加美术录像课比赛用的，在市里获得一等奖，我看到县局网站有关报送德育精品课的通知，就立即转告黄丽丽要她参加，方才抓住机会。

2. 帮手，一个篱笆三个桩。学校美术教师团队在黄丽丽这节录像课的备课、上课、研讨和完善上是起了重要作用的，但最值得一提的是她办公室的张飞老师。这是一个为人诚恳、做事踏实的青年才俊。我在黄丽丽老师备课、上课、录像、剪辑、报送等场合都见到过他的身影，默默地忙来忙去。通过深谈我知道，他乐于助人，也希望在参与精品课研讨过程中借鉴经验、提升自我，这种主动积极的专业化成长精神十分难得，给我留下了深刻印象。教师需要团队互助给力，单打独斗、闭门造车难以快速成长。

3. 善良，与人为善是根本。谦虚好学是黄丽丽十分显著的特点。我和她接触不过两三年，但她积极上进、谦虚好学又与人为善的表现令人尊敬。她毕业于合肥幼师，综合素质好，教学能力强，勤学、好问、肯钻研弥补了她在美术专业素养上的些许不足。她有一颗善良的心，因为善良就处处热心呵护学生，因为善良就精益求精对待教学，因为善良就勤勤恳恳地付出，也因为善良博得良好的人缘，大家愿意帮助她，期待她的成功。种什么因得什么果。

4. 学校，强大支撑不可少。店埠学区中心校一贯重视学校素质教育，学区领导常常亲临一线指导工作。因为校园营造了良好的艺术教育环境，近些年全县美术教研活动也乐于在他们学校开展。领导的支持为青年教师专业化成长铺就了一条光明大道。

给我印象最深的有两件事。一是市教育局组织小学生现场绘画比赛，因为参与学生指标有限，只好将指标分配好以后通知学校，谁知某学区中心校的回复是不参加,因为怕出安全事故;正巧店埠学区丁校长打电话来要指标,希望能让更多的孩子参与;两个学区,担当与否,两种截然不同的态度形成了鲜明的对比。一个店埠学区美术教师告诉我,校长向他们推荐了我的博客,要他们平时多看看,从中学习教学经验。可见校长关心学生和教师成长之细致。一个好校长成就一所好学校。

因此,我们在羡慕别人获得荣誉的同时,更要看到其荣誉背后的精神,看到背后巨大的付出,看到背后强大的力量支撑。所以,青年教师在专业化成长的道路上不仅要刻苦钻研,还要拥有一颗善良的心,拥有一帮亲密的伙伴,及时把握稍纵即逝的机遇,在各级领导的关心和支持下发挥潜能、展示才华,做最优秀的老师,造福学生、学校和社会。

一堂部级精品课无疑在全国起到良好的示范和辐射作用,祝贺黄丽丽老师!获奖,见证着教师的成长和成熟,而真正的"大奖"是学生、家长的夸奖,这个"奖"贯穿在每一节课中,是我们享受教育快乐的源泉。

## 向名校学习:新优质学校长啥样?

由县教体局组织,县教育家培养工程培养对象和中小学校长赴上海参观了几所新优质学校,让我增长了不少见识。

上海市基地附中确立"以良好的习惯促进学生健康成长"的教育理念,通过"学生广播操"和创建"温馨教室"等途径,让每一个学生都养成好习惯。学校积极开辟"第二课堂",为学生成长创设多元平台,让孩子的每一天都精彩自信。他们确立"成人·成事·成才"的办学理念,以"博学笃行"为校训,不再是用考分作为考量绩效的唯一标准,全面实施素质教育,亦步亦趋、踏踏实实地推进各项教育教学改革。他们的校长也俨然成了教师和学生慈祥和善的"家长",从学习到生活,处处关心着师生的健康与快乐。

上海市洛川学校用"和美教育"作为追求真善美的独特价值的教育追求,

他们以"和美"为校训，和美做人，踏实做事，在"和而不同，美美与共"的校风中，在"和颜悦色，美教精艺"的教风中，在"和乐共进，美人美己"的学风中，把"品行优良、素养完备、身心健康、和谐发展"的一代新人作为学校的培养目标，"和润校园，美泽人生"，没有惊天动地，没有可圈可点，一切都是那么平凡、自然，把校园变成了师生共同学习与生活的家。

上海市平南小学从多项不达标到上海新优质学校，他们一路走来，步步为营，给人留下无限美好的向往。"爱满平南，一个都不能少；和谐发展，一样都不能放"在这里处处落地生根，他们立足于"文化立校、文化立人"的办学理念，努力构建"零缺陷"服务质量文化，使之成为学校发展的驱动力。如《光明日报》所介绍：

"把每个孩子教好！"1999年，当张小娟成为平南小学校长时，她向教师们发出倡议。学校要求班主任做到"200%的家访率"；教师要关注每一个个体，提供"特需服务"；各学科教师都要琢磨班级学生的个体差异，分类指导，分层推进。如今，学校每周都有各种教研活动、名师指引、团队合作，一位位名师在这里成长。在教育专家看来，这是最接近教育本质、最接近育人本源的。学校的发展已远远超越了传统概念上改变薄弱学校的意义所在，这更是一次前沿探索的实践智慧——学校的指向是全面而绿色的质量，是对每一个学生发展可能性的关注，让每一个学生都能看到自身健康成长进步的轨迹。

平南小学，高瞻远瞩，脚踏实地，在课题研究和精确的数字化分析铺就的成功路上越走越潮，越走越远。

上海市柳营路小学是我们走访学习的最后一站，也是一个比较小的学校。与以上三个学校一样，他们不挑生源、不争排名、不聚资源，拥有相同的"转型"方向——以"全纳性"的态度，负责任地接纳每位就近入学儿童，促进每个孩子良好成长。不同的是自2004年起，他们根据虹口区教育局的部署停止招收上海户籍学生，全面招收外来务工人员、随迁子女，是上海市唯一百分之百接收外来务工人员、随迁子女的公办学校。200多个孩子来自全国各个省份，语言交流不通，成绩参差不齐。"该怎样教这些学生？"在以虞敏丽校长为首的全校性摸底家访中，他们得知，这些学生的家长主要从事清洁工、钟点工、搬运工、建筑工等工种，文化水平多为小学或初中，平时忙于生计，早出晚归，基本无暇照顾孩子，更别说教育孩子了，学生家中甚至没有一个像样的地方做作业。

大规模的家访，被虞敏丽视为教师"境界"升华的一个关键性转折。从那之后，她常听到的不再是老师们的抱怨，而是关于如何应对学生新状况的交流与探讨。"教育要更深入人心，更有效，'爱'是不能或缺的催化剂。"他们提倡"放学后为孩子留一张书桌"，教师主动手把手辅导孩子作业；他们午间开设"两分钟天天讲"，鼓励每个学生每天讲两分钟，大胆展示自我；他们为孩子过集体生日，让孩子们在烛光中感受温暖；他们的"81个好习惯"形象地分布于过道走廊，在学习、做人、礼貌、卫生、饮食、阅读、安全、运动、劳动9大方面全部细化行为习惯，分期实现，逐步改变孩子的品质。于是他们的"适应性教育"真正发出了热和光，发出了巨大的正能量。

参观上海新优质学校，我感动了，家门口的好学校实实在在，家门口的风景平凡而美丽：素质教育原来不是作秀，而是真爱；不是说大话，而是做小事；不是嘴上功夫，而是手上功夫；不是遥不可及，而是近在咫尺；不是天方夜谭，而是路在脚下！

# 第三章 03

## 持善思 问底搜根　　善　美　求　真

不善于思考、不爱质疑的教师,把头脑当作别人思想的跑马场,就会在年复一年机械的思想重复中失去自我,平庸无为,很难自我超越。他们没有个人体验,没有经验积淀,没有教育智慧;没有对真知的激情,就没有对真理的激情,也就不会有新的发现和创造;除了把别人现成的结论告诉给学生之外,只会做教书的机器,教死书,无法把精神注入到知识中去;所以从没有真正地成长,也难以以身作则,引导学生去成长。

# 第一节　家　庭

## 责任担当：教育投资，家长要做操盘手

　　投资有风险，对孩子教育的投资自然也有风险。因此择校高温热而不退，名校学区房房价飙升，让开发商大赚了一把；名师家教被孩子踏平了门槛，也把师德红线扯断在一边，供需两旺，让老师也脱贫致富过上了小康生活。为了孩子，家长们拼了——不惜离家租房陪读，不吝补习费用高昂，但结果又怎样呢？依然是高就的高就，落榜的落榜，有笑的也有哭的。

　　孩子上了名校不一定就遇着名师，遇着了名师也不一定就能考上名校，最让人揪心的是有孩子在高考前就寻了短见，名校的学习压力也是有名的大，不是所有孩子都能承受的。就算孩子顺利考上了名牌大学，也不一定就有了好前程。很多家庭的教育投资还是规避不了风险，原来名师不一定是神器，名校也不一定能创造普度众生的神话。家长把操控孩子命运的权力交给名校、名师并不能高枕无忧，因此教育投资还得家长自己亲手来操盘。

　　有个家长一直鼓励和支持孩子参加各种兴趣培训班，孩子因此作文写得不错，钢笔字写得漂亮，钢琴已经过了十级，还能够创编卡通连环画，去年考入了本市一所名校读初一，但课余还学着英语、琵琶和绘画。按说孩子从小学到现在应该学得很累、很烦，但孩子兴趣广泛，主动学习，可能是压力

变动力，动力换来成就，成就又激发了兴趣，整个形成了良性循环。艺多不压人，我们提倡孩子全面发展，为以后在专业发展上做厚实的铺垫，能做到这一点当然归功于孩子的勤奋，但更重要的是家长善于掌握方向把好舵。孩子吐槽时家长要倾听，孩子退缩时家长要鼓励，孩子懈怠时家长要提醒，孩子困惑时家长要释疑，孩子成功时家长要喝彩，孩子失败时家长要安慰……不要以为孩子学的东西多了就是盲目跟风，如果孩子有兴趣，以学为乐，为什么不支持孩子多做尝试呢？不要以为只凭兴趣什么都能学好，孩子遇到困难而退缩时也需要一定的鞭策，毕竟人都是有惰性的。因此，孩子的成长里倾注着家长的心血、汗水和智慧。

这位家长昨天告诉我，女儿上初中后作业负担明显加重了，最近感觉作业效率不高，她作为旁观者给女儿提了个建议，让她晚上回来后先做以思考为主的数学作业，再做以记忆为主的英语、语文、地理等作业，把女儿习惯了的作业次序调整了一下，完成任务就轻松多了。原来，女儿过去总是把爱做的数学作业放到最后，在英语、语文等作业做完后，再做数学作业就感觉有点累。她打了个形象的比喻，如同平日吃菜，人们习惯于把不爱吃的先吃掉，等吃饱了再吃心爱的菜已经没了胃口。这位家长是个见人就笑的乐观主义者，也是个善于教育孩子的思想者，平时她与孩子亲密无间的和谐关系，真的让所有人都羡慕。无疑，她的家庭教育是成功的，因为她有思考，有主见，有办法。

这是普通百姓家庭教育的一个个案，基本反映了家庭教育的成功规律。

《中国青年报》记者堵力在《王志东：孩子的教育是一场冒险》一文中介绍了IT界元老级人物、新浪网站的创始人王志东在孩子教育上的观点："对于多数只有一个孩子的父母来说，孩子的教育没有经验可言，要实现他们的梦，就是一场没有彩排的冒险。"王志东以乔布斯的成长之路为例分析，"他的养父给了他多大的自由空间！跟他到学校去与老师吵架，为了乔布斯上学而搬家，后来乔布斯退学也不反对。养父成就了乔布斯。这是一个家长的明智选择。"他认为"家长要学会平衡""孩子的健康是第一位的，体育锻炼和睡觉时间必须保证。如果回家感觉累了，可以不写作业，睡眠要保证好。玩的时间必须保证，孩子喜欢玩游戏，喜欢看美剧，都要留出充分时间。"王志东的分析是非常有道理的。想想，精英阶层对孩子的教育如此殚精竭虑，工薪阶层更不该无所作为，推卸责任了。

我认为，在家庭教育投资上，唯有家长亲自操盘才有可能胜券在握，任何依赖老师和学校的做法都是不妥当的。对于孩子的成长，家长既要做旁观者，又要参与其中，平时要多读教育类书籍，开阔眼界，增长见识，改变观念，汲取经验，提高教育能力和水平。多关心孩子，多关注孩子，加强与孩子心灵上的沟通，在近距离的"望、闻、问、切"中为孩子的成长护航。

著名特级教师李镇西说："学校教育非常重要，但无论多么重要，都只是家庭教育的重要补充。"摒除焦虑，沉下心来阅读和陪伴，用真爱、勤劳和智慧把教育的"风险"变为愉快的探险，让孩子享受成长的乐趣，这是家长的责任。

## 环境育人：门风的熏陶与浸染

**张语**：广播电视记者、编辑、主持人；广播电视节目策划人；纪录片解说人；报刊时评、文化专栏作者；图书策划人；丛书主编。

门（家）风是去年春节的热门话题，今天又来说这个是出于亲身感受。

平时各忙各的，春节期间放下工作走亲访友倒是乐事，你来我往之中交流的不仅是情感和思想，也有各自的获得。

昨天给姑妈拜年，听老表张语人生金句，读新书字画，赏古玩珍品，在品着上品功夫茶的工夫里，也同时品着精英文化人的雅趣。我说的精英文化之"精"至少有以下几个意思，先是作为广播电视主持人的张语语言表达之精练与精辟；次是张语新著《浮生记浮》印刷之精美，国内著名篆刻书法家徐庆华在封面、扉页、封底及各章开篇的题字之精心，国内文坛四位名家郭献文、莫幼群、苏北、陈家桥序言之精确与他的选文之精致；再是张语与道友的书画之精妙。值得一提的是，往年饭后，张语总免不了借酒兴信手涂写几张张狂的字，我看热闹、瞅门道，临走还可揣上两张收藏。今年他"君子动口不动手"了，原来是闭关修炼，图谋精进。这也让我取了趟"无字经"，弥足珍贵。精英文化带给人的是安静，是品质，是慰藉，是精神境界的升华。

我将通过张语的《浮生记浮》，走进他的艺术世界，聆听他的心灵独白，分享他高雅的艺术趣味。我们小时候在一起长大，应该说张语一直是我精神上的导航者；虽说我天生粗笨愚拙，才力不及他的百分之一，但每每听他谈经论道，观他勤勉治学，或能参悟一二，刷新一下大脑，行走就少了许多迷茫和彷徨。

今天晚辈们来我家拜年，其中有画家黄海帆，一个务实的人。他言语不多，用油画代言。英国苏富比亚洲行政总裁程寿康先生就喜欢他作品中"精湛的学院派功夫和悲天悯人的人文情怀"，作品《格林斯潘》荣获"欧亚艺术盛典——巴黎秋季艺术沙龙中国海南展"二等奖，曾应邀参加过北京亚洲艺术博览会、北京国际艺术博览会、德国汉堡"最想要的艺术作品"展、亚洲艺术博览会代表团"法国高卢文化节"展，《深圳特区报》刊载的"深圳经济特区建立30周年重大历史题材创作展"就有他的作品。名人定制的作品如《格林斯潘》《荷兰王妃》《程寿康肖像》《丰特奈市长像》等肖像作品都深受好评。中央电视台、《南方都市报》以及国外有关媒体都曾对他有过报道，作品也屡屡被亚洲、欧洲和北美的收藏家收藏。

这些都是好消息。我受海帆的爸爸（我大哥）影响而画画，海帆又受我的影响而画画，门风的浸染大于遗传基因的作用。眼下海帆小有成就也是难得的，付出终有回报。

晚辈中的娃儿们好奇心强，到了我家免不了要跑上阁楼扫描一圈，摆放在那儿的画子、石头，还有林林总总满房间成型的根雕坯子，会和他们无声对话，在他们幼小心灵深处植入艺术的种子。外甥女家的男孩大约上一年级了,平时十分淘气,我都担心他上课坐不住板凳;今天却是奇怪了,从上面转一圈下来后,非要拿来纸笔画画,安安静静地画了半个多小时。因为此前没有学过,他的画未受成人思维"污染",是原汁原味的儿童画,想象丰富,活泼天真,稚拙可爱,完全是心灵的自然流露。绘画益智、益心,有助于观察想象和创造力的发展,可以作为兴趣爱好。

我们是个善良、勤劳的大家庭,这也许和文化艺术的熏陶和浸染有关。本地把家风叫作"门风",门风对孩子的影响很大很久远,是植入骨子里的,在教育启蒙上比学校的校风更重要。不知春节期间的家长们领着孩子串门时是否留意到这个问题,给孩子当个好导游。

## 精神呵护:高额账单哪如无价陪伴

"六一快乐!"——这是我们对所有孩子的祝福。孩子是希望,是未来,孩子快乐了我们才快乐。六一儿童节期间,每个家庭、每个孩子自然都有自己的乐法。

物质生活条件提高了,儿童的快乐也许随之而升值。记者曹羲在《六一账单晒出了什么?》一文中,就介绍了很多家庭乐此不疲的做法,如:

6月1日,5岁的妞妞着实高兴了一整天。老唐夫妻俩带着可爱的女儿从早玩到晚,从新衣服到新玩具,从美食到游戏,粗略统计,这一天的消费差不多是老唐一个月的工资。"痛并快乐着。"老唐在微信朋友圈里晒出几张幸福的"六一照",随手附上了这一刻的感受。

用物质的享受来换取孩子的快乐,有钱便唾手可得,无须伤脑筋,是最简便快捷的事情。但很多时候,我们用高额账单换取的却是廉价、暂时的快乐,我更支持家人给予孩子的另一种快乐,如文中所述:

端午节和六一相遇让李先生很是费了一番心思。他带着妻儿回农村老家陪父母过一个团圆的端午节。一家三代人围在一起包粽子、煮鸡蛋，讲着端午的故事。"虽然这个儿童节没有礼物，但却是无价的，因为和爷爷奶奶在一起包粽子，很温情。"儿子的日记证明了李先生的六一活动是成功的。

这种快乐从温情出发，从文化出发，从孩子身心发展的需要出发，让孩子收获家人团聚的温馨，参与劳动的乐趣，收获感悟和惊喜，这种快乐是永恒的，也是无价的。

六一这天，我们用金钱换取了孩子短暂的快乐，但随之而来的也许就是他们长久的没有礼物的失落。如何让孩子天天快乐，健康地快乐，是我们需要认真思考的问题。

很多做父母的都以"忙"或是"不懂教育"为借口，尽力回避这个问题。他们宁愿花钱请老师做家教，宁愿花钱送孩子到辅导班，也不愿意多读一本书，多陪一会儿孩子，多做一些有益的引导。岂知，钱能平衡自己的心态，却买不来孩子成长的快乐。

每个孩子都有自己的兴趣爱好，都有自己的个性特长，他们就像一本耐人寻味的书，需要我们花工夫去耐心读懂、理解；每个孩子都是一个单独的个体，需要家长的真心陪伴，在陪伴中健康成长。

《中国教育报》记者张贵勇先生工作之余就善于陪伴孩子。他在《成长片段61——设计师》中写道：

路上，又谈及未来。

小伙分析道："爸爸，虽然我运动没你那么好，但我画画好，我想长大后当个设计师。""设计师也不错，是个很有前途的职业。""那你打算设计什么呢？""我想设计更漂亮、更环保的大楼，也想给小朋友设计玩具。"

转而，他问道："爸爸，你说设计师需要具备什么？""我觉得啊，一是创造力，二是执行力吧。""那你觉得我创造力怎么样？""你看你拼插玩具那么有想象力，有成为设计师的潜质。""那我的执行力呢？""你的执行力也不错，就像你今天作业写得很好。东西也收拾得很整齐，以后一定能设计出很伟大的东西来。"

听我的表扬后，小伙兴致一下子高涨起来，好像自己真的成为设计师。我也仿佛看到贝聿铭之类的设计大师——他的未来该是怎样一番景象呢！

张贵勇能够随时分享孩子的快乐，并在不经意的对话与引导中让快乐放大、升华，他把每天都变成了孩子的"六一"。他在《爸爸手记之五：孩子，是属于大自然的》一文中写道：

从哲哲两岁开始，每个周末，我都选出一天，带他去市内的景点转转。路途远的就坐公交车，近的索性骑自行车，让他坐在后座上，一路说着、笑着、看着。我甚至把北京的景点罗列出来，用两年的时间全部逛完。到他上幼儿园中班那年，我们几乎走遍了香山、植物园、龙庆峡、动物园、天坛、国家森林公园、紫竹院和玉渊潭等所有市内自然景点。

张贵勇的陪伴又把每个周末变成了孩子的"六一"。这种陪伴是真正的心灵的陪伴，是智慧的、健康的陪伴，不需付出太多的金钱代价，只需腾出点时间就可做到。为此，他把日记编辑出版，书名是《真正的陪伴》，"真正"两字耐人寻味。我建议小学生家长们都读一读，用这面镜子来照一照自己的日常家教行为，一定会有很大的收获。

在真正的陪伴中给孩子无限的快乐，我们也会快乐无限。祝愿孩子们"六一快乐"，更祝愿孩子们"天天快乐，永远快乐"！

## 不忘沟通：浅谈父母与孩子的沟通

"家庭是孩子的第一所学校，父母是孩子的第一任老师"已是共识，但因家境不同，家长的文化素养和阅历不同，他们在教育孩子的理念、方法与手段上必然存在着巨大差异，结果自然就不同。

教育是科学，是一门学问，又是一门塑造人的艺术。教育工作者需要常年在实践中学习和研究方能逐渐步入其道，但也难免存在工作上的瑕疵；国内功成名就的教育名师也时常检讨着自己工作上出现的失误。著名小学语文特级教师于永正说："退休之后的大反思，使我基本上明白了教育究竟是怎么一回事，教语文究竟是怎么一回事。因为基本上明白了，所以我退休后才经常想，如果时光倒退十几年，让我再教一届小学生，该有多好！"江苏省模范教师王树堂说："年轻的时候不会教，等会教了，又老了。"可见教育之难。

"隔行如隔山。"身处生存与发展危机的家长们需要养家糊口，他们有自己的职业，有自己的工作要做，哪有时间和精力研究教育，期望他们成为教育内行几乎是不可能的。他们教育观念落后又疏于学习，平时与孩子沟通交流太少，在孩子的成长上物质奉献较多而精神和心灵上的关注过少，加上家庭教育方法粗暴简单，家教言行中无意伤害孩子也是普遍现象；孩子在长期的家庭教育压抑中难以呼吸新鲜空气，导致激烈反叛或是消极反抗的例子处处可见。

我曾经见到孩子在 QQ 空间或是微信中发表激烈的言辞宣泄不满。因此家长在家教上要冷静、科学、艺术，在孩子遇到困难时，不要居高临下，不要冷嘲热讽、婆婆妈妈，更不能棍棒相加，要蹲下身来与孩子心灵对接，巧妙化解矛盾冲突。望子成龙、望女成凤，绝不可千方百计制造矛盾阻碍孩子的个性发展和自由成长。"可怜天下父母心"，设身处地去想一想，有谁愿意"祸害"自己的孩子，他们只是心有余而力不足。

所以家长也应该好好反省自己，要付出时间、精力和耐心，多阅读书本，多阅读孩子，把教育孩子当成大事、当成科学和艺术来做，做孩子成长路上的良师益友。

教育需要家庭、学校和社会形成合力。不得不承认，学校和政府也在为提高家长们的家教能力与水平做着很多不懈的努力，如举办家长学校、创建社区教育学院等等。但社会经济的快速发展强烈冲击着人们的意识形态，信息化时代，单亲和留守、应试的竞争，都让教育变得更为复杂化，学校和社会勇于承担责任却难以面面俱到，形式上的东西不少，存在的问题很多；教好孩子，关键还是要靠家长。

与过去相比，家长的文化素质也随着社会精神文明的进步日益提高，家庭教育的科学性和艺术性也越来越大，家庭教育也不是孩子们吐槽的那样糟糕。孩子们暂且还不明白一些深沉的爱，需要他们用阅历去解读、去理解，对此我们也不必杞人忧天，成长的路上也伴随着痛，风雨之后是彩虹，我们该相信孩子。

但多年从事中等职业教育的我，面对社会底层家庭教育失败的无辜学生，我更能够理解家长们的苦衷，他们无力改变现实；我也更理解孩子们成长的苦恼和无助心情。眼下要做的是如何把当代人才健康成长的教育理念切实地宣传到位，通过政府行为、学校行为、社区行为、教师行为的具体落实，在多元的教育合力中改变这些家长的教育观念和方法，扭转家长"口是心非""事与愿违"的无知、无奈现象，让家庭教育走出误区、走进新常态才是关键——希望我们多一点行动，用行动来改变现实！

# 第二节 学 校

## 理 念

### 有感于"更快、更高、更强"

现代奥林匹克运动会的创始人顾拜旦的好友,巴黎阿奎埃尔修道院院长亨利·迪东在其学生举行的一次户外运动会上,鼓励学生们时说:"在这里,你们的口号是:更快、更高、更强。"顾拜旦借用过来,成为奥林匹克格言。这句话充分表达了奥林匹克运动不断进取、永不满足的奋斗精神。它不仅是指运动成绩,即参加奥运比赛,最重要的目的不是赢得冠军,而是参与。奥运会的参与活动,是实现"人文奥运"目的有效的途径之一。

人文是指人类社会的各种社会现象。从大的方面讲可以指社会的精神面貌和道德修养,从小的方面讲可以指人对自身精神世界的一个感悟和认知,其集中体现是重视人、尊重人、关心人、爱护人。简而言之,人文即重视人的文化。

教育是促进人的发展的事业,理应重视人、尊重人、关心人、爱护人,但是很多时候,人们被眼前功利所诱惑,把"更快、更高、更强"变成了考试的"最高、最快、最强"并强加给学生，忽视了人文精神，与教育方针相悖。

德育，只停留于书本的背诵而忽视了品行的修炼，而考分覆盖了一切，校园暴力事件难道都是偶然发生的吗？

智育，被教科书与试卷绑架，学生又有多少时间和精力去阅读生活，去博览群书，没有感悟与思考又能获得多少真知灼见？

体育，因中考加分变成了难得的快餐，但在机声隆隆的"考试工厂"，学生自由运动又有多少时间、多大空间？

美育，仍然被遗忘于爱的角落，应试的课堂究竟渗透了多少美育？谁知道排上课表的课程有多少被落到实处？

劳动教育，自从有的学校的校园卫生被第三方承包后，劳动也大多止于班级卫生的打扫，劳动创造价值的乐趣又有多少学生能体验？

屡禁不止的校园考分排名，经久不衰的热炒"状元"新闻，年年名校高校哄抢"状元"的闹剧等等早已把"考分文化"根植于社会和家庭，根植于全民的骨髓中，成则为王败则为寇，教育变成了培养"考试机器"的手段，学业负担越减越重，假期补习好不热闹，教育乱象变得很难收拾。

试想，尚处在基础教育阶段的学生，兴趣被扼杀了，个性被抹平了，信心被驱逐了，激情被浇灭了，身体被累垮了，还有什么资本去谈"更快、更高、更强"地发展？

十年树木，百年树人。人与人的潜能不同，人与人的发展需要不同。在人的发展上，快起步于慢，高起步于低，强起步于弱。"更快、更高、更强"需要漫长的酝酿与积累过程，需要我们创造宽松的学习环境和文化氛围，需要我们善于发现、因势利导和耐心等待，更需要我们远离"大棚蔬菜"的恒温催肥，远离"考试工厂"的流水线作业。只有祛除浮躁，尊重人的自然成长规律，才能重建以人为本的教育文化，形成人和人才培养的良性循环。

若说我们曾因刘翔的退赛而扼腕叹息是因为输不起的心态，那么"表情包"傅园慧赛后受访受热捧则反映了大众健康的奥运理念回归。教育的健康理念也需要回归和重建，"更快、更高、更强"需要我们在教育过程中怀揣淡定之心，引导和鼓励学生从参与出发收获快乐，从快乐出发收获终极的人生幸福。

## 情　感

### 星星之火，可以燎原

在教育部国培计划中央美术学院培训班学习期间，我曾亲历一个热烈壮观的场面：央美版画工作室里像是天上掉下来一个外星人，来自全国各地的上百位美术教研员和骨干教师里三层外三层紧围着工作台，足足观摩了一个多小时，并拍个不停。原来大家看的只是一个扎着小辫子的德国籍版画老师不紧不慢地反复擦拭一块巴掌大的铜版，然后上色，印刷。这些资深美术教师为何像小学生一样如此好奇？只因为知版画者多，做版画者少。美术教师渴望版画技术的学习，但是求学无门，想起来也是件可悲的事。

今年4月29日上午，我在合肥50中的市教育局版画培训班又看到了类似的场景，同样是导师执教，同样是氛围热烈，不同的是所有教师由围观者变成了创作者：画稿、制版、上色、拓印，个个忙得不亦乐乎。尤其是导师张国琳先生边讲解边修稿，以刀代笔，不厌其烦，孜孜不倦，其景、其情感人至深。我在首都师范大学和央美两个顶级国培班学习时，都聆听过有关木刻版画创作的讲座，增长了不少见识，但从未动手，现在遇上了"天上掉馅饼"的好事，走过路过岂容错过？

过去，我因教学需要曾自学纸版画和吹塑纸版画创作，指导的学生作品也曾多次在全国和省市比赛中获得大奖，并发表于专业刊物；但我一直认为纸版画与吹塑纸版画是版画中的"小儿科"，简便易得的材料、简单易行的操作也可以做出丰富的肌理和效果，适合少儿表达单纯质朴的情感和审美愿望，但技术上毕竟粗糙，不适宜教师创作，本以为这辈子与木刻版画无缘了，有此学习机遇正可了却平生心愿。

鲁迅先生说："镂像于木，印之于纸，以行远而及众，盖实始于中国。"有着1148年悠久历史的传统木刻版画艺术需要继承和发展，合肥市教师版画培训班正担当着文化传承的重任，其涉及的教师之多、专业之强、影响之大非一般培训所能比拟。另一方面，如果说鲁迅先生在上海举办"木刻讲习会"，大力倡导木刻版画的复兴是为了民族解放斗争的需要，那么眼下张国琳先生与张进老师在合肥倡导的版画进校园正是当下教育改革中学校素质教育的必须，功莫大焉。

"星星之火，可以燎原。"在导师们无私的传道授业精神感召下，在伙伴们求知若渴的热情影响下，我愿从此做个小学生，体验以刀代笔的乐趣，寻找黑白世界里的真我——不仅如此，我还想把木刻版画这个接力棒传到我们的学校里，传递给我的学生们，让高雅的版画艺术在校园里开花结果，培训班所有的老师们不也有着同样的想法吗？从此，徽派版画将在巢湖之滨扎下了根，一代代传承发扬，丰富文化生活，陶冶师生情操，为"大湖名城，创新高地"的合肥教育添上浓墨重彩的一笔。

## 珍惜是成长的动力

在县名师工作室授牌仪式中，局长强调"要充分认识加强名师队伍建设的重大意义""要充分发挥名师的作用""要努力营造有利于名师成长的良好环境"……领导对教师培养如此重视让我颇为感慨，想起自己专业化成长的一些往事。

人往高处走。刚参加工作时被分配到家乡的杨塘乡中教初三的法律常识，因为没学过这门课，也没有参考书，就赶紧跑到省城自费买来有关法律的书籍连天带夜地阅读，试图提高自身素养，把课教好。

后来，又被安排教初二语文，这就轻松多了。因为自己本来就喜欢语文课，积累了不少学习经验，上起课来比较得心应手。听说住隔壁的校长语文课教得好，我就时常去听他的课。这位校长虽说文学底子一般，但应试那一套摸得很熟，围绕语文基础知识、阅读能力和写作技巧方面的教学经验十分丰富，课堂教学处处能够提炼出中考考点来进行强调，让学生学得明明白白，这重点突出的果断教风正合我意——当学生时，就怕学得稀里糊涂。于是，我找来前几年模考、中考的试卷及相关资料反复阅读，熟悉考试重点内容，研究考试出题规律，然后与书本对应，阅读教学时从字、词、句、段的分析中不时渗透中考知识与能力点，在应试的背景下也算把书教得理直气壮，让同我年龄相差无几的学生们很是佩服。

刚走出学生生活的我，深知求学的艰辛，只想一股劲地把学生带好，拿了国家的工资就该做好自己的事。课后我还经常陪着学生散步，甚至下雨时也打伞走在乡间的沙子路上谈心，成了学生的知心学伴。

后来考了美术，教了美术，在美术理论知识和技能技巧的学习上一直不敢懈怠。在古城中学教书时，多次骑车到30公里以外的梁园镇旧书摊买《美术》《连环画》等杂志阅读，提高自己的艺术素养。调入母校肥东师范学校后，离省城近了，几乎半个月就往合肥新华书店跑一趟，当时因经济困难，很多美术书买不起，但翻阅一遍也能过把瘾。课改开始后，师范学校转轨，陆续招了初中生和高中生，又购买了大量有关课改的书籍回来，希望换换脑子，汲取经验；虽说记性不好，看完就忘了，但理念提升了，见识增多了，思路开阔了，心中有数了，教学的胆子也大了；消化的都变成了营养，变成了行动的催化剂。自我要求是专业化成长的前提。

想好就没事找事，工作就不分白天黑夜，不分上班时间和休息时间，直到有一天放学后在路边请学校某领导批条子，得到"现在是下班时间，明天再说"的回复，才明白：下班了可以不做事。但我的习惯改不了，依然我行我素。指导学生在安徽省首届中师生艺术节获得一等奖（合肥市唯一的）的作品就是利用国庆假期进行的。

这以后，我的教育叙事、教学论文、教学课例和学生作品就陆续发表于各类刊物，论文也陆续获得省级、国家级评比的奖项。但缺少名师的引领，缺少必要的压力，缺少团队合作和教研氛围，也缺少精神上的支持，一个人的单打独斗、小打小闹做不成学问，虽然教育教学的经验比较丰富，但在课题研究上一直不够深入。直到 2011 年赴首都师范大学参加国培班学习，受黄露博士的指点才真正明白课题研究是怎么回事，但这时已经是近 50 岁的人了，激情已经不再燃烧。一路走来一事无成，却也费了不少劲。我不否定自己的懈怠，但也不能否定环境因素的作用。

眼下，年轻教师的成长赶上了前所未有的好时机，远程培训把名师请进家里来，集中培训又可以免费走出去，成立名师工作室更是为大家精心设计了发展方向和路线，加足马力为大家的跨越发展保驾护航，其思虑之深远，用心之良苦，举措之给力都是空前的，假如我们的人生价值取向不偏离跑道，又怎能不发奋，怎能不珍惜？

珍惜是动力，且走且珍惜。

## 态　度

### 老师生气有用吗？

课堂上不可能每个学生都听话，也不可能学生时时都听话。因此，老师生气的情况是常有的。

据报道，一位老师课上见学生看漫画书，非常生气，责罚后导致学生出走，差点酿成事故。

这件事，首先要看老师的处理方法，然后再看出现的后果。当刘老师发现孩子"一动不动"地看漫画书时，报道中是这样描述的："刘老师很生气地说：'你把这工夫用在学习上早成第一名了。'并没收了漫画书。"气话源于学生"一动不动"地看漫画书，没把老师上课放在眼里。在公开场合这样数落学生可能出于刘老师的班级是平行班中的"第一名"，教学管理中追求的唯一目标就是学科成绩，她希望每个学生都是听话的学习机器，这种要求和批评是惯性的，从她后面"悲哀和绝望并无任何自我反思"的表现中也能看出来。

也许，40分钟课堂时间很短，教学时间很仓促，老师没那么多时间说闲话；但孩子是个有感情的活人，不仅被当众数落，有伤自尊，珍爱的漫画书也被没收，他还能无动于衷、专心听课吗？无论是从语言或是行为上说，老师都没有从孩子的角度去考虑问题，这样的教育没有效果。

我为此在工作室群里发起讨论。李怀凤老师说：处理这件事有很多方法，但不可粗暴。是的，假如换个角度，从学生角度考虑，先扬后抑，就可能是另一种结果。

——你的漫画书肯定很精彩，课后别忘了和同学一道分享，课堂上请收起来！

——班里所有的同学都像你一样专心，不过他们是听课，你是看漫画！

——你这么喜欢漫画，兴趣广泛，但现在明白该做什么吗？

——你一动不动，看书真认真，这个劲头也能争取班级的第一名，信吗？

……

学生有了自尊，在老师的示意下行为有了改变，皆大欢喜。

即使刘老师把粗暴处理当作惩戒的手段也未尝不可，但要有放有收，在课间休息或放学时和学生聊聊，晓之以理，动之以情，让学生心服才能真正起到教育作用。粗暴，或能提醒、震慑，是技术也是艺术，粗中必有细，暴后亦有柔；纯粹的粗暴则以牺牲学生自尊为代价，给人的感觉是无知、无能，又无肚量。

我不赞成刘老师高高在上的强势处理方法，这件事出现的结果，主要是教师教育理念与方法的问题。可想而知，这个班的学生成绩虽然一时领先，但平时心理压力很大，兴趣爱好被抹杀，这样短视的教育眼光和压抑的育人环境与时代需要相悖逆。还好，没出大的事故也算万幸了。

教育生活中，老师有生本意识，萌生爱心和发现，不会为自己泄愤而粗暴处理；有教学艺术，则会"暖风、冷风"换着吹，既让学生感受到关心和温暖，又能让学生清醒认识自己的错误而改之；若有宽容之心，则能容忍学生的错误，不会言辞刻薄，伤人自尊……教育要有语言艺术，更要有心灵沟通的艺术，只有站在孩子的角度看问题，用生本意识来经营课堂，才能着手孩子未来的发展，托起明天的太阳。

也许，现在的孩子的确难管，但改变不了他们，我们只有改变自己。

生气，伤身，伤心，又伤人。不生气，保护自己也保护孩子，则利人利己。因此，老师遇事别生气，细思量。

## 方　法

### 考试，不可这样待孩子

看到Q友发出的小学考试的场景：一年级的小学生，为了防止抄袭，座位像高考考场一样被隔开，旁边有老师严厉地监督，像是防贼。这种"严肃考纪"的做法不是偶然的，更不是一个学校、一个地方的做法，各地都有。也许，我们要让孩子懂得考试的规则，但这么淳朴可爱的乡村孩子需要用这种方式来隔离吗？把孩子当贼一样对待，这意味着什么？隔离以后是抄不到了，就是考出了真成绩，但我们丢掉了培养孩子诚信为人的根本。

心理学上的"罗森塔尔效应"告诉我们，暗示在本质上是人的情感和观念会不同程度地受到别人下意识的影响，赞美、信任和期待具有一种能量，它能改变人的行为，当一个人获得另一个人的信任、赞美时，他便感觉获得了社会支持，从而增强了自我价值，变得自信、自尊，获得一种积极向上的动力，并会尽力达到对方的期待，以避免对方失望，从而维持这种社会支持的连续性。我们用防盗的"不信任"态度暗示孩子，给予孩子的正好是与诚信相反的教育，把这种教育从小就植入孩子心中，不利于他们的健康成长。

小时候我们趴的是泥巴垒成的长台子，也像这样一排排，考试和平日上课一样的人挨着人，但在我的记忆中就从没有想过抄别人的，也没有别人抄过我的。就是1981年中考那年，一张桌子趴两人，我们也没想起来相互抄袭，因为那时候我们的脑子里没有"抄袭"这个概念，大约是老师给予信任，学生回报的也是诚信。这是心理学上的"人际互动效应"，如《诗经》中的《木瓜》："投我以木瓜，报之以琼琚，匪报也，永以为好也；投我以木桃，报之以琼瑶，匪报也，永以为好也；投我以木李，报之以琼玖，匪报也，永以为好也。"这种交换与互动，表现的是积极的、肯定的，而当下考场上对于小孩子的教育是消极和否定的。

我认为对待小孩的考试本就不应该如临大敌、剑拔弩张，把气氛搞得那么紧张，我们要在平时通过讲故事、说道理让孩子们明白考试的规则，懂得诚信是做人的道德规范，在相互信任中给孩子以积极的暗示。新化县实验小学在考前公布"诚信考试、杜绝作弊"倡议书，然后，放松考场要求，把孩子放在主体地位，让孩子主动自觉地约束自己的行为。他们的倡议书是这样写的：

诚实守信是中华民族的传统美德，是现代文明的基石和标志，是《公民道德建设实施纲要》的基本要求，是为人处世最重要的品质。诚实守信是一种道义，是一种准则，是一种责任，也是一种声誉，是我们当代学生实现人生价值的重要一环，更是我们育人的重要内容。孔子曰："君子怀德。"孟子云："车无辕而不行，人无信则不立。"在这个物质文明和精神文明高速发展的时代，社会各方各面对个人的诚信越来越看重，树道德之新风，立诚信之根本，是我们每一个当代学生义不容辞的责任。只有真诚地面对自己，诚实做人、踏实做事才能获得更多的信任与尊重，才能在人生旅途中走上星光大道，才能在未来的职场竞争中占有一席之地。

对待低年级的孩子，我们可以用通俗易懂的故事来告诉他们怎么做。心理学上还有个"贴标签效应"，就是说"当一个人被一种词语名称贴上标签时，他就会做出自我印象管理，使自己的行为与所贴的标签内容相一致，这种现象是由于贴上标签后引起的"。它告诉我们："说你行你就行，不行也行；说你不行就不行，行也不行。"一个人的成长尤其是在儿童时期，社会评价和心理暗示的作用非常之大。我们要给孩子肯定的社会评价和积极的心理暗示，给他们贴上诚信的标签，而不是像防贼一样被置于无情的监禁之中。

我认为，眼下学校内的测评考试方法需要改革。

## 把红色评价改为绿色评价

九年制义务教育阶段，学生每学期都有个"成绩通知书"，期末要写自我鉴定，班主任要写评语，评语是围绕着"德、智、体、美、劳"全面发展宗旨写出的综合评价，包括学习态度、学习习惯、师生关系、同学关系、兴趣特长、劳动表现、行为习惯等等，如"该生尊敬师长、团结同学、热爱集体、热爱劳动、学习认真、成绩优秀……希望继续努力，力争上游！"虽然年年岁岁总相似，形式老套，但毕竟体现了多元性。

现在大多数学校依然沿用"成绩通知书"作为家校沟通的桥梁，有的地方还把"成绩通知书"换成了"素质报告册"，与时俱进。但学生和家长最关注的还是用红笔填写的分数，因为那是不及格的科目，我们姑且称之"红色"评价。评语是个凑热闹的"伴娘"，人家要"娶（取）"的是"分数"这个"新娘"。到了高中毕业，干脆连这个"伴娘"也不要了，赤裸裸地以考试成绩来决定，一考定乾坤，别的靠边站！升学是要拿分数说事的，谁敢不重视？

去上海铭师培训班学习，上海的43所新优质学校的成功实验让人欣喜。

三年前上海就提出构建义务教育质量"绿色评价"体系，推出十个"绿色评价"指标，促进教学质量评价改革，形成让广大中小学生快乐学习、促进素质教育的更科学全面的"指挥棒"。这十个绿色评价指标包括：学生学业水平指数、学生学习动力指数、学生学业负担指数、师生关系指数、教师教学方式指数、校长课程领导力指数、学生社会经济背景对学业成绩的影响指数、学生品德行为指数、学生身心健康指数和跨年度进步指数等。

这些绿色评价指标包含了学生学业水平和相关各影响因素，并都设置了具体的衡量标准。例如学生学业负担指数包括了学生睡眠时间、作业时间、补课时间；学生品德行为指数包含了"热爱祖国、自尊自爱、尊重他人、有诚信和责任心、遵守公德以及拥有关怀之心和公正之心"等。他们变单一维度评价为综合多维评价，变结果证明评价为过程改进评价，转变功利性的教育质量观，在校长正确办学、教师转变观念及学生全面发展上确定了新的导向。

在这些学校里，我们看到校园里严肃的标语少了，学生的照片和作品多了；教室里机械呆板的"传教"少了，精彩纷呈的活动课多了；学生的作业少了，各类文艺社团多了；校长演讲的空洞口号少了，对师生的人文关怀和科学数据多了，学生的紧张恐惧少了，开心的笑容多了。在平南小学的一个班级活动课上，我就看到有人做十字绣，有人做纸雕塑，有人画画——各行其是，各得其乐，这不合常理的现象却符合孩子的学习心理和兴趣，孩子怎能不开心。我参观的四所学校都给人一种外表安静祥和、内里却充满生命活力的感觉。一切简简单单、平平淡淡，回归于育人的生态。

难怪全国各地学校都去上海学习取经，难怪英国教育大臣也来学习访问。看来，我们学生的综合评价科学、健康地回来了，它将为我们下一代的健康成长，为未来综合型人才的培养指引方向。

我们期待本地的学校教育也走进新优质学校创建空间，让绿色评价取代"红色"评价，让教育回归绿色生态。

# 过 程

### 谁来为他们补齐美术基础知识的短板？

2016年度首期教师资格认证国考刚刚结束，作为本市考点的美术面试考官，我在经历了两天紧张地忙碌后依然为着考场上的事纠结不已，心情很难彻底放松下来。

美术考题涉及的范围比较广，包含中外绘画、雕塑、建筑、工艺设计、书法篆刻和摄影等多方面知识和技能，而参加考试的基本都是美术本科生，因为学习设计专业的比较多，他们的知识面仅限于高考素描、色彩和专业领域，对美术史和绘画内容十分陌生，因此面试的成败往往取决于抽题的运气，抽到专业以外的考题就手足无措，试讲几分钟就草草收场，十分尴尬；机灵一点的干脆望文生义、胡编乱造，教学内容谬误百出。具体归纳如下：

一是中国传统美术文化知识的短缺。考生在试讲"造型·表现"《写意花鸟》一课时，因中国画基础知识的匮乏，无法联系例图来说明写意花鸟画注重神似和笔墨趣味的特点，也无法讲解中国画的笔法、墨法和用色方法，只能依据给出的两张图片和简要的提示泛泛而谈，抓不住知识点，无重难点，这显然与面试要求相差甚远。

考生在试讲"欣赏·评述"《溪山行旅图》一画时，只是简要介绍画面饱满的构图和雄强的气势，对作品中的溪流和行旅视而不见，回避了作者如何运用笔墨点染塑造的技法介绍，这种欣赏显然是不完整的。同样，欣赏《太行丰碑》一画，不见关键的透视知识探究，说不清独特的艺术形式之美，更没有联系八路军在黄崖洞保卫战的历史壮举来解析作品的深刻内涵。

中国画是先人留下的宝贵美术文化遗产，需要继承和发扬，而一个学习美术的大学毕业生竟然连最基础的知识都不了解，这不能不说是基础教育和高等教育的悲哀。而考生在遭遇中国民间艺术、书法篆刻等稍"偏"的考题时，更能反映出他们传统文化基础知识的薄弱。

考生在试讲《民间生活的真实写照》一课时，只是把课文内容做简单的罗列，然后进行支离破碎的讲解，不仅没有点明中国民间剪纸客观反映劳动人民的劳动生活和思想精神面貌这一主题，更是连剪纸的染色、套色和阴刻、阳刻方法也讲不清道不明。在试讲《阳刚的篆刻》一课时，把技能课上成了欣赏课，而自己对篆刻的历史、工具材料、布局谋篇、方式方法等也一无所知。

二是知识储备和教学应用难以对接。考生考前大多经过长时间的素描、色彩能力训练，具备相当的写实造型基础才能考上大学。但是在试讲《写实再现的西方雕塑》时，竟然无法从西方古典人物雕塑的形态、动态、比例、结构、透视、体积、质感等方面进行解析，更不会运用中西方古代雕塑的对比来说明"传神达意"和"写实再现"的区别，突出西方古典雕塑的特点。反映了他们过去的绘画学习仅仅是为了画而画，为了考试而画，囫囵吞枣，学非致用，足见了眼下高考培训和选拔方式的短见和局限。

考生试讲摄影课《记录历史的瞬间》时，只能根据所提供的美国9·11恐怖事件中世贸大厦瞬间被摧毁的图片作泛泛讲解，没有联系新闻摄影如何通过选材、立意、取舍、构图、对比、色调等方法来留住历史瞬间、记录典型事件。

作为考官，我们要履行职责将部分考生淘汰；而作为一名教师，看着考生面对课题、面对我们、面对挫折时的尴尬、痛苦、无奈、失望的表情，我们心疼。他们从小学到大学熬过十六年寒窗，做过相应的教育职业考前准备，通过了淘汰率极高的笔试，最终还是栽在中小学的美术基础上——过去书上有过，却没有学过。"临渊羡鱼，不如退而结网。"即使他们回头能够恶补上美术基础知识，但是过去损失的宝贵时间谁能帮他们补回？他们小时候敏锐的形象感知已经变得麻木迟钝，机智灵活的应变思维已经失去了弹性，谁能帮他们刷新头脑，还原感性和智慧的原我？

课程改革近二十年了，年年艺术教育展演锣鼓喧天，年年艺术教育成果捷报频传——我们就是不愿走进真实的课堂去调查研究，去问问孩子，去问问美术教师，去看清事实真相：学校美术如课表所示开齐了吗？美术教师认真教了吗？教学效果如何测评？无可辩驳的是，被长期忽视的基础美术教育正在惩罚我们的孩子，正在嘲笑我们对教育方针的藐视。

另一方面，高考美术仅凭着一张素描、水粉和速写画的好坏来选拔学生，迫使学生舍弃兴趣爱好，舍弃感知和发现，舍弃美术文化学习和核心素养的培养，集中全部的时间精力忙于死画硬背！

我们呼吁：为了下一代的健康成长，国家和地方教育主管部门要切实完善落实基础教育质量的检查评估制度，加强艺术教育质量的监管奖惩力度，让孩子们从小就喜欢的美术教育真正回归校园生活。

我们呼吁：为了下一代的可持续发展，国家教育主管部门和高等院校要改革美术高等教育的选拔方式，引导高考美术走向健康之路，让孩子们的艺术智慧在创造中闪光。

## 请还给学生艺术感知力

在中学美术教师资格认证过程中，有位考生抽到的试讲题目是欣赏课《命运三女神》，是描写希腊神话中阿特洛波斯、克罗托和拉刻西斯的雕塑，原来位于帕提农神庙的东山墙，虽然头部都已受到了损坏，但仍然生动地展示了希腊古典时期雕刻艺术所达到的高超的艺术水准，令人叹为观止。这属于大路题目，因为高中美术鉴赏和西方美术史对古希腊的雕刻都有较大篇幅的介绍，稍微有点常识的同学都能说出个子丑寅卯来，不至于冷场。

比如，可以根据教材简要的提示说说古希腊神话和雕塑的时代背景，即使这方面知之不多，也可以从感受出发就事论事进行赏析：

1. 动态。三位女神正、侧、斜卧的不同动态安排生动有变化，传达出人物不同的心理状态，整体的三角形构成形成稳定、端庄的态势。

2. 形体。艺术家是依据真人的比例、结构来塑造人物形体的，流畅优雅的人体曲线富有节奏与韵律之美。

3. 衣褶。松紧有致的衣褶不仅表现了服装的单薄与柔软，更张扬着少女健康的身体里所蕴藏着的生命活力。

4. 联想。让人仿佛听到三位女神亲切爽朗的笑声，感受到她们炙热的体温和亲密的姐妹之情。

5. 技艺。把大理石雕刻出这样惟妙惟肖、生动逼真的人物形象，可见技艺之高超绝伦，不愧为经典巨作。

这样随意的说法，就像咱们在街头巷尾遇到熟人之评头论足式闲侃，不需要多少学问。按理说抽到这个试讲题是幸运的，联系现实生活经验和基本的美术造型常识就能说清楚，但是现场的考生只会捧着个讲稿在字缝里找话题，顾左右而言他，硬是说不到正题上来。难道学生失去了基本的艺术感知力吗？

我们知道，感知力与生俱来，虽然人与人有差异，但视觉、听觉、触觉、嗅觉等基本能力都是具备的，这是人赖以生存的资本。而一个学习美术的人，无论学的是什么专业，其视觉形象的感知力都接受过相当的训练，应该比普通人更敏锐，事实却恰恰相反，排除考生临场的稍许紧张以外，剩下的可能就是我们培养学生的方式问题了。

只要是正常的小孩子，来到这个新鲜的世界后都因敏锐的感知而好奇，因好奇而好问、好尝试、好琢磨。只要有正确的引导，他们就会逐步形成良好的观察、思考和实践能力。但是，我们成年人常常因为耐心的不足和经验的缺乏，在孩子遇到问题时不爱鼓励他们去探索发现，而喜欢"好心"地给个标准答案。我们自幼屏蔽了孩子的眼手脑，忽略孩子自身的能力和能力培养，养成他们急急忙忙寻找别人定下的标准答案的习惯。长此以往，孩子的感知力就像从前女人被缠住的小脚，因停止生长而失去了应有的活力。

而在面试过程中，我们遇到的感知麻木的学生何止一人？教育的过分作为必然有它的副作用，我们需要反思。

# 评 价

## 面试考官的五问

　　元旦放假期间，被抽调参与了安徽省中小学教师资格考试面试工作。这项工作虽说由市里具体落实，但由教育部统一组织安排，也算是国考。上到教育行政部门，下到考生应该都十分重视。作为考官，听了美术考生39节（含中学31节、小学8节）面试试讲课及相关答问，从职业认知、心理素质、仪表仪态、言语表达、思维品质、教学设计、教学实施、教学评价等八个方面进行打分。有些考生的不俗表现让人惊喜，但真正让人满意的并不多，为此产生以下疑问：

　　1. 大学男生哪去了？

　　参加中小学美术教师面试的39人中，仅有男生3人，其余全是女生，男女比例为7.7%，给人感觉像是幼教专业的考生面试。我在学校带过多年的高考美术班，学生的男女比例是比较了解的，眼下学美术的女生的确不少，但男女比例应该各在50%左右，那些男生哪去了？面试休息期间，我又看到办公室门口摆着的一列长队，有30多人，大约是各专业等着抽题的，数了数也就3个男生。后来我问一女生，答曰："男生嫌教师工资低，没面子，所以不愿当教师。"眼下，教师这个职业还是缺乏吸引力呀。

　　2. 考前准备哪去了？

　　参与面试的考生是自己报志愿的，应该对教师职业有一定的兴趣；他们最低学历是高职专科，应该具备一定的网上学习能力。眼下，无论什么考试，用心一点都能在网上找到相关的文本和视频材料做参考，从而掌握一定的备课和教学技巧。但是，我在面试中看到不少考生在试讲中根本抓不住教学重点，东拉西扯不着要领，不明白如何备课和上课。其实所给内容十分简要，也有教学提示，有准备的考生字斟句酌，在十分钟之内就能把握要领、整理出教学思路来。为此，我对考生的学习兴趣和能力产生怀疑。

3. 教学过程哪去了？

十分钟无生试讲是面试中的重头戏，虽然内容不多，但也必须完整。在美术课教学常规中，教学过程一般包括导课激趣、新知探究、作业指导、教学评价、总结拓展几个主要环节，在网上随意搜搜就能找到相关的案例，但是不少考生做到第三个环节后就没了下文，也就是讲完课以后布置了学生作业，然后宣布下课。没有作业指导和教学评价，根本无法反映目标落实。考生大多是学美术设计专业的，没有经历必要的教法指导和考前实习，他们的经验大多来自中学教师的影响，这也从侧面折射了我们中学美术课堂教学不完整的现状。

4. 专业素养哪去了？

作为美术教师，有关美术的绘画、雕塑、建筑、工艺、书法、篆刻、摄影、综合艺术等专业素养必须全面，但是我所看到的考生知识面太狭隘，因为学美术设计就不懂书法和篆刻，不懂得民间艺术，甚至连我们中国画的基本笔法、墨法也一无所知，太让人揪心了！在基础美术教育中，从小学到高中的教科书对各种美术基础知识都有递进式的教学安排，可惜我们一直没有真正落实到位，很多学校的素质教育做的只是表面文章，期待课改的真正落实。

5. 考生自信哪去了？

面试中我偶然发现这样一种现象：长得俊俏的女生或是英俊的男生，考场表现大多都显得自信满满；而形象不佳的考生则自卑感比较强，这一心理现象值得从事基础教育的老师引起重视。除学生的遗传因素、家庭成长环境以外，学校教育对孩子的性格、气质的形成有着很大的影响。很多相貌不佳的孩子在小学阶段就有了自卑心理，需要老师必要的关心和引导，教师不能因孩子相貌不佳而疏远冷落他们，人文关怀无处不在呀。

我的疑问可能也道出了很多考官的纠结。作为老教师，我欢迎更多优秀的孩子早日入伍，我愿意面试过关"一个都不能少"，孩子们读了这么多年的书，付出不少，不容易——不怕做不到，只怕想不到，即使考生眼前还不够合格，但只要他们一心向教，认真学习，教学相长，以后一定能够成为一名合格的教师。但是，作为考官我又不能失去把关的原则，必须要淘汰一部分不合格者。我期待我们的基础教育和高等教育进一步完善，期待我们的考生主动积极地做好准备工作，力图"一个都不能少"。

## 面试的小船岂能说翻就翻

参加全国各地教师资格面试的大学毕业生们的心情是很复杂的，闯过了50%甚至更高的笔试淘汰关，面试是否能延续好运呢？

准备是必须的：有人提着礼物，找了资深老师做考前指导；有人交高昂学费，进专业培训机构学习；有人问道师兄师姐，试图走小路抄近道；有人网上慕课，寻寻觅觅夜难眠……反正是"八仙过海，各显神通"，虽说缺少实战经验，却也学了些应对办法，练了些考场的套路，壮了些出场的胆量。

反复试穿，推敲了无数次的着装也算得体；对镜练习，逐渐固定的表情动作也算自然；读读记记，培训教材上的内容也算熟悉；模仿教参，撰写的教学设计也算规范；假戏真做，面对考官的礼节也算谦恭；试讲录像，考前程序演练也算流畅……经过了一番苦心经营，貌似顺利闯关不成问题，但是面试的小船说翻就翻——大学毕业，考个教师资格证咋就那么难？

原来，最终起决定作用的还要看自己抽题的那双手。运气好，抽个大路简单题，淡淡定定、顺顺利利过关；手臭的，抽个摸不着边的偏题就肯定砸锅，如语文遇上陌生晦涩的文言文，英语遇上系列生涩的单词，美术遇上古代碑帖赏析等等。看到题目，心情遽然紧张，信心立马崩溃，言行顿时失措。因此，只要注意观察考生进门瞬间的表情动态，我就能猜出来考题的难易：

那些低首含胸、动作扭捏、言辞闪烁者，定然是遇到了大麻烦，有苦难言——失望已经悄悄地挂在脸上，写在动作里。

这次美术面试题中有两题就是典型的拦路虎，一是《张迁碑》赏析，一是《兰亭序》赏析。考生虽然都是美术生，但小学、初中谁（学校、老师、家长和自己）都没有把美术当回事，尤其是县镇、乡村学校，大多蜻蜓点水、走马观花，没学到真东西；高考大多考的是素描、色彩，学校的必修鉴赏课无人重视，其他美术学习模块形同虚设，培训班要的是素描、色彩应试分数，谁把书法当回事？大学学的是专业设计，围绕个"专"字急匆匆直奔设计师而去，谁在意国学经典的传承和文化素养的修炼。等到毕业后，这才发现专业就业那么难、那么累，薪酬又那么低，清醒过来后想做个看似体面轻松的美术教师，谁知美术教师的门槛也不低，从前走过、路过、错过，面对备课资料提供的"天书"图片，神情恍惚、无从下手，不了解作品的时代背景，不了解作者生平，不明白作品的整体布局、字的结体和笔画特征，更不清楚作品的情感表达和风格特征，只能把几行简短的备课提示语读上一遍。即使机智一点的，望文生义胡诌几句勉强应付，常常是驴唇不对马嘴——没话找话拖延了时间，他们悄然流露的冷笑和自嘲也明显否定着自己的胡编乱造，人在囧途。

面试的小船说翻就翻，一年半载的苦心准备在抽题的瞬间就泡了汤。作为考官，我们没理由责备考生从前的盲目无知，没办法改变社会多年应试偏科的疯狂现实，没能力弥补考生流逝的青春和缺失的美术文化素养，只能按规则办事，把运气差的考生淘汰。

出题范围广一点、要求高一点都没错，但同样能力和水平的考生，仅因为面试抽题偶然影响能力发挥和评判结果的做法显然不够合理。

2013年8月，教育部发布了《中小学教师资格考试暂行办法》（后称《办法》），《办法》提出：教师资格考试是评价申请教师资格人员是否具备从事教师职业所必需的教育教学基本素质和能力的考试。其中划定面试应特别注重考核考生担任教师工作应具备的多方面教育教学实践基本能力和职业素养以及职业发展潜能，应包括：考生是否具备良好的教师职业道德、心理素质和思维品质；仪表仪态是否得体，是否具备一定的表达、交流、沟通能力；是否能够恰当地运用教学方法、手段、技术，较好地达成教学目标和任务。考核目标具体划分为心理素质、仪表仪态、言语表达、思维品质、教学设计、教学实施、评价反思、职业认知等八个方面。这些方面高度概况了国家对新教师教育教学基本技能和素养的测评要求。可见，笔试着重考核考生的专业素养和文化素养，而面试偏重于职业能力、素养和潜能，少数偏题显然是笔试考察的专业知识与技能范围，放到职业面试的环节中来就不妥当。

如何更准确、公平地考核考生的职业能力素养和从业潜能，最好的办法应该是同题考核。具体操作的办法就是从考生熟悉的常规教学内容中选取同一个课题进行考核，同样的难度，一把尺子，一个标准，考官通过观察、提问、查看等，根据考生面试现场教育教学活动或展示活动表现，进行综合性评分，判断考生能否通过面试，是否有可能成为一名合格的新教师，考生的合格程度在这样的横向比较中一目了然。为了避免考生泄题，可以采取隔天换题、上下午换题来进行。这也是过去地方教师资格认证常用的办法，实用而有效，不知道为何"国考"改成一人一题，造成面试目标上的偏差和结果的不公，让满载考生信心、热情和希望的面试小船说翻就翻。

# 价值观

### 比赛不带这样玩

前天，因有感而发，作《证书也许可以作证》一文，试图从学生参赛获奖的角度谈教师的人生追求。在信仰缺失的年代，人活着总得有个目标，有个追求。我认为，教师的目标首先是自我发展，在此基础上谋求学生的最大发展。因全文写的是自己和自己的学生，难免有自吹自擂、自我标榜之嫌。但今天，看到一则报道后，我不得不旧话重提，说说比赛这件事。

饭前，看到安徽教育网《关于"我阳光我快乐"全省乡村少年儿童才艺展示活动评选结果的公示》之后，连忙下载查看，在获奖名单中找到我县参赛结果，令人失望的是绘画项目仅有梁园中心校鲍振东老师指导两名学生获得三等奖。

本次设的奖项为一等奖14名、二等奖25名、三等奖60名，虽然一、二等奖比例不多，但也不应该是这种结果。此次比赛是由省妇女联合会、省精神文明建设指导委员会办公室、省教育厅、省文学艺术界联合会联合主办的省级大赛，值得所有乡村学校、少年宫和指导教师重视。其中乡村少年宫应该是参赛的主力，我县乡村少年宫已经成立多年，专项教师集中培训至少2次，有乡村少年宫如何发展健全的成果报道在网站上也屡见不鲜，为什么在此重大赛事上如此乏力？

美术比赛是一次对学生创作能力水平的检验，从侧面也反映了教师教学能力水平的高低。鲍振东老师只是个业余爱好者，并不是科班出身，他指导的学生能获三等奖已经不易，何况他还是个50多岁的老教师。我想不通的是，我们那么多毕业于美术专科或本科院校的年轻教师都在干什么？为什么一个奖项也没拿到。结论只能两个：一是专业基础薄弱，缺少指导经验；二是，参赛热情不高，指导态度不认真。

很多教师在课堂比赛和论文比赛上表现出特别的热情，甚至通过关系来谋取荣誉，青年人追求进步是对的，但应该明白追求自身的进步是为了专业的发展，更是为了学生的发展，否则获任何奖都没有实际意义。也许一次比赛并不能代表什么，比赛也代表不了教学成果的全部，但年轻教师应该吸取教训。

首先，要致力于个人美术专业化的自我发展。很多人过去学画画仅仅是为了找个工作、谋个饭碗。达到目的后就再也不愿拿画笔了，再也不读书了。自己在专业理念和技能上都跟不上时代了，如何指导学生创作。凡参赛就逼着学生抄范画、背范画，这样指导不仅得不了奖，还误导学生，贻害无穷。因此，美术教师更需要通过种种渠道不断学习，以此提升业务水平。眼下，网络信息发达，网上学习资源十分丰富，爱学者不怕找不到老师，爱创作者会挤出时间来创作。

其次，要重视参赛辅导。

1. 感情上要投入。指导学生时要投入时间和精力，以不负责任的态度，带着侥幸心理，马马虎虎，随随便便，就肯定会失败。

2. 指导上要全面。教师要借指导学生参加比赛的机会，从主题、立意、选材、构图、造型、色彩、用笔、艺术表现形式和风格、创意思维等多方面对学生加以指导。

3. 创作上要独立。教师要鼓励学生大胆创作，不要抄袭，更不能代笔。我在县里的评比中就发现不少学生抄袭、教师代笔的现象。

4. 教学上要认真。平时教学不认真，学生美术基本素养和基本能力上不去，创作不出优秀作品，为了比赛而比赛，也就失去了比赛的意义。

5. 心态上要平淡。比赛只是美术教学活动的一种形式，通过比赛激发学生学习兴趣，促进学生相互交流，检验美术教学得失。教师和学生获奖并不是目的，不因看得太重而在失利中失去参赛指导的积极性。

6. 经验上要积累。美术教师要开阔眼界、博览群书，要善于积极主动地学习别人的成功经验，不断总结，力争提高教学指导能力。

7. 心理上要自信。美术指导贵在尽力，尽力了就是尽责。不要因考虑学生比赛结果的成败而患得患失，失去信心。

我的想法也许片面，失败不一定是件坏事，希望青年教师从中汲取经验教训，加快自我专业成长的脚步，尽快提升自己的知识文化和能力水平，为学生、为学校、为全县美术教育的发展，也是为自己不断创造明天的辉煌。

# 第三节　社　会

## 比较鉴别：人家的和自家的

　　俗话说："不比不知道，一比吓一跳。"中国人是喜欢比较的。
　　我们时常听家长对孩子说：你看人家孩子如何如何，再看你这熊样子。在家长的眼里，人家孩子或是学习好，或是习惯好，自己的孩子不争气，就得向人家学习。
　　家长是为了自己的孩子好，这样比较似乎没什么不对；但作为旁观者的老师，自然清楚人家的孩子为什么好。在学校接受同样的教育，孩子之所以不同，主要是因为遗传因素和家庭教育的影响。孩子的遗传基因改变不了，家庭教育就起着至关重要的作用了。可能人家的家长更懂教育一点，更宽容耐心一点，或是付出更多一点，这些隐藏在人家孩子成长的背后，看不见摸不着。而当着众人的面数落自家孩子的家长恰恰没有考虑到这些，总认为是孩子的不是，没有检讨自己日常言行有什么不妥。
　　最近，某校教师外出参观考察回来，说了不少"人家"的事：

　　人家学校几千学生，校园里就看不见一个玩手机的，而自家校园里学生课余全是玩手机的，甚至课堂上也屡禁不止。

这个我当然非常清楚，就职于职业学校，课堂上每天都在和学生玩猫捉老鼠的游戏，大环境使然，一声叹息。如果追问一下，都可以有合理的解释。人家学校有事要做，人家学生有事要做，所以学校禁止学生带手机，让学生多做该做的事，在做事中学会做人。自家学校学生难管，自家学生不求上进，学生在无事可做的情况下，玩手机是件好事，至少没空去做伤害自己和他人的坏事；至于能不能成人，那是他们以后的事情了，和眼下无关；真的管得紧了，若是弄出一个大的意外（比如学生跳楼），那一切都是白忙，校长吃不了兜着走。无为而治也自有道理。

人家课间跑操组织得一丝不苟，十分壮观，而自家只是应酬上级评估时做做样子，平时不做操。

做操这件事的确是必须的，特别是青年学生。我在这个学校读书时，不仅每天坚持做两操，天没亮还要出去长跑十里路，身体是革命的本钱嘛。家长送孩子来，也不祈求能学到什么东西，但至少要保证身体健康。这个学校不说早操，就是课间操也停了不少年，甚至连传统的田径运动会也有两年没办了。这个我也不明白是怎么回事，也许道理都一样，要归咎于学生的懒惰。懒惰是学生的习性，不然他们也不至于混到这个程度。眼见的是早上迟到现象严重，即使是住校的学生，也常提着早点进教室，你要他做早操，可能吗？课间他们会东跑西溜，集中起来自然也是件难事，如何做课间操？

人家学生进校严格按招生标准录取，进校学习表现计学分，达标方能毕业；而自己学校无条件录取，学生不珍惜学习机会。

政府办学，对职业学校进行统一规划、各校专业统筹安排，不存在非正常竞争问题。而且，江浙地区严格按照国家要求办事，中职升学和普高升学

1∶1标准化，生源多，就业面广。再看看自家，哪儿有那个条件啊？虽然宣传上早已融入长江三角洲经济圈，但还得有个过程，眼下不能当真。每年招生季，都是场生死存亡的恶战，能招来几百学生就不错了，哪有挑精拣肥的资格？

人家学校同时对学生实施企业化管理，学生在职业实践中充当重要角色，能与未来走上工作岗位无缝接轨。而自家学生散漫自由，疏懒成性，很难适应工作岗位。

传说中，人家江浙地带家教中很小就对孩子灌输创业和经营意识，那是地区的企业文化特点，咱们这地方考学是唯一的出路，考学失败意味着人生的失败，学生早已对自己失去了信心，没什么想法了。何况，自家经济条件有限，穷家难当，一天三餐能就点咸菜饱腹算不错了，还指望什么七大锅八大碗的？更别说什么满汉全席了。

……诸如此类人家的和自家的，我就不再一一列举了。这次散步聊天算是增长了一些见识，但也没有什么收获。人家的菜地长的是苗，即使自家的菜地长的是草，草是绿色植物，能在光合作用中提供氧气，还能养眼提神，自有它的好处吧。大凡存在的都是合理的，人家的毕竟是人家的，少偷一点懒，多想些点子，努力做好自己的小事，才是自家的。出去参观的人若是能借鉴人家的精神和经验，回来做好自己的事，那就更好。毕竟路在脚下，要靠自己去走。

# 第四章

## 求善美 问径探幽   善　美　求　真

研究型教师是指在教育领域中，及时发现教育教学工作中的问题，针对问题积极探索研究，主动吸收教育科学理论和同行经验，提出新的切实可行的改进方法，不断地改进自己的教育教学工作的教师。研究型教师的最显著特征就是研究成为教师的工作方式和生活方式。研究型教师拥有教学和研究同步进行、相互联系、相辅相成的整体观念，他们有意识地培养自己的研究习惯，走教学和科研一体化的道路。研究型教师能够以研究者的目光审视教育教学工作中的实际问题，对教育问题更敏锐、更有主见，能够创造性地找到解决问题的新角度，形成新思想、新观点、新观念，自觉、主动地改进教育教学工作，努力摆脱被动盲目的状态。

# 第一节　心理教育

## 中小学生心理健康教育亟待关注

　　长期以来，人们一直局限于没有疾病就是健康的认知。后来，有人把健康定义为人体各器官系统发育良好，功能正常，体格健壮，精力充沛并具备良好劳动效能的状态。毫无疑问，这个定义也不够全面，没有关注到人的精神、心理的健康。随着现代医学的发展以及人们关于健康观念的转变，绝大多数人越来越意识到，心理的、社会的和文化的因素同生物生理的因素一样，与人的健康、疾病有非常密切的关系。与之相应，健康的概念超越了传统的医学模式，心理的健康已成为"健康"概念和范畴中的必然且重要的组成部分。

　　青少年学生正处在身心发展的重要时期，大多又是独生子女，随着生理、心理的发育和发展，竞争压力的增大，特别是当前社会快速发展，发展与成长的生态环境和社会环境日趋复杂，身心健康发展受到的负面影响越来越大，致使青少年学生的心理健康问题较以前更显著和突出。近年来，大量的研究和调查表明，当前我国青少年学生的心理健康状况不容乐观，令人担忧。

　　上海市精神卫生中心会同世界卫生组织（WHO）和美国夏威夷大学，联合对上海市中小学生的心理健康状况进行大规模调查，发现有27%的学生心理异常（包括心理障碍和心理疾病等），其他省份的调查结果与此相近；以此推算，我国约二亿的大中小在校学生中有各类心理健康问题的就高达三四千万。研究显示，随着年龄的增长，学生的心理健康问题有上升的趋势。令人担忧的是不良的心理健康状况不仅导致了学生自身的身心疾病，严重影响了身体健康和学习活动，同时还直接损害了他们的品德发展和正常的社会性适应。如因心理健康问题而休学、退学、离家出走、死亡，甚至犯罪等，给社会、学校、家庭和个人造成了消极后果。尽管这些调查和统计的数据还不够客观和标准，但是青少年学生日益显露出来的各种心理健康问题，已说明我们对此应有足够的重视和关注。

合肥市教育局早在2007年就印发了《关于加强中小学心理健康教育的意见》（后称《意见》），在《意见》中要求各个中小学配备专、兼职心理健康教育老师，做了前期发动工作；2009年11月印发教师培训的通知，2011年出台了《合肥市中小学心理健康教育工作实施方案》，此后通过举办多届培训，培养了一大批专兼职教师，为学校开展心理健康教育做了必要的准备。2013年印发了《合肥市中小学心理辅导室建设和使用基本要求（试行）》的通知，明确"到2014年，省、市级示范高中、特色初中、特色小学等，必须设置心理辅导室；到2015年，城区90%以上、农村70%以上的中小学建成心理辅导室（其中普通高中和1000人以上以及寄宿制的初中、小学均需设置）；到2017年，全市各中小学普遍设置心理辅导室，广泛开展心理健康教育活动"的要求，同年，启动教师全员性的心理教育通识性培训，全市已有近70%中小学建立了心理咨询室，其中合肥一中、合肥八中等学校形成了富有特色的心理健康教育模式，并成立市教育学会心理健康教育教学专业委员会。到了2015年年底超9成中小学建立心理辅导室，并发动了达标认定工作。可见，市教育局在有计划、有步骤地推进学校心理健康教育建设上做了大量组织、领导、规范、建设和督查等工作。

但是，在中小学实际工作中心理健康教育的推进依然不容乐观，如今年3月市局相关负责人在接受《合肥晚报》记者采访时就曾介绍："目前，我市中小学心理健康教育工作仍然比较薄弱，存在开课率低、师资缺乏、硬件水平低等现象，部分学校没有建立心理辅导室，没有建立健全学生心理健康档案。"具体来说应该包括以下问题：

一是各地发展较快，但发展不平衡。我市中小学心理健康教育经过了呼吁、起步、发展、提高等四个阶段，全市各地广大中小学校对心理健康教育的认识有了很大飞跃，各地普遍开展了形式多样的心理健康教育。但从全市来看，存在着地区不平衡、数量不平衡、质量不平衡；城市好于乡村，名校优于普通学校。

二是形式多样，但科学化、专业化水平不高。在学校开展班、团队活动时，常常将心理健康教育德育化，将学生的情绪、性格问题归为思想品德问题。学校心理健康教育应该是全体教工的行为，教育活动范围应辐射学校方方面面的工作，但也有些学校，把心理健康教育狭隘化，把它只看作心理健康教育教师的事。有些学校只在所谓心理健康教育的硬件上下工夫，工作仅仅停留于设备购置、咨询室布置及应付检查上，把心理健康教育形式化。

三是专业人员匮乏，且部分教师专业技能亟待提高。目前，学校从事心理健康教育的专业教师相当匮乏，专兼职教师的人数、能力水平和实践经验不能满足学生心理服务的需要。部分教师出身于专业但由于工作时间不长，教育、教学经验不足，还没有真正把所学理论和教学实践结合起来。部分非专业出身教师因常年工作积累了一定的经验，但又不注重理论学习和研究，很容易落伍。一些学校领导为了应付检查，把一些不能胜任教学第一线工作的教师安排做心理辅导教师，这不仅不能帮助一般学生摆脱心理健康问题的干扰，对心理健康有严重问题的学生更是束手无策，开展心理健康教育似有实无。

四是整体化不够，还没有形成学校全方位多层次心理服务系统。学校心理健康教育的方法灵活多样，学校应该采取领导与教师结合、课内与课外结合、教育与自我教育结合等形式全方位进行。但是一部分学校各方面配合不够，还没有形成合力。同时对心理健康教育的预防性、教育性、促进性这三大任务理解不深、研究不透，在学校心理健康教育各环节中逐层面、逐角度加以解决，降低教育的效果。

五是文件要求高，但监督检查力度不够，欠实效。不少学校和老师依然以应试教育为重，有关心理健康教育活动流于形式和过场，缺少有效的心理健康教育预防措施，对容易出现心理问题的单亲、留守儿童缺少调查研究，对出现心理问题的学生不能及时发现和干预，并建立心理档案实施跟踪教育，为应付验收检查甚至生造假材料，心理健康教育被动而无实效。这就需要主管部门明察暗访，严格把关，尤其是心理问题的高发学校——中等职业学校。

有效开展学校心理健康教育，已经成为各级各类学校教育工作者的共识，我们认为我市中小学心理健康教育还需要在以下方面进一步推进：

1. 大张旗鼓推广已在实践中获得的成功经验，探索学校心理健康教育的理论，用理论指导实践。

我市学校心理健康教育经过近10年的研究实践与探索，部分学校在开展学校心理健康教育的途径、方法上已取得了较丰富的经验。例如，如何上好心理健康教育课、在学校各项活动中开展心理健康教育、建立学生心理档案、学校个别心理辅导的基本方法等方面的一些做法，经实践检验，已经取得了较显著的效果。由主管部门牵头通过巡回讲座、表彰奖励、影像制品、图书资料、网络平台等形式多渠道积极推广这些成功经验，使那些刚刚从事心理健康教育活动的学校迅速入门，并把握其基本方法，是普及心理健康教育的有效途径。

2. 借鉴国内外经验，加速推进我国中小学心理健康教育的科学化、规范化进程。

借鉴国内外心理辅导与咨询理论，注重研究我市中小学学生的心理健康状况，探索适合我市中小学生心理健康教育模式和心理健康教育的咨询理论与方法，开发适合我市心理健康教育的地方教材，运用心理学知识和技术从评估、干预、咨询、研究、监督等多层面，尤其是加大宣传、督查和奖惩力度，为全体儿童、青少年的心理健康和教育利益服务，逐步使我市心理健康教育走上规范化、制度化、科学化的轨道。

3. 大力开展专业师资培训工作，逐步建立一支专业基础知识过硬，有较丰富实践经验的心理健康教育师资队伍。

在学校开展心理健康教育，有了政策的保障和理论的支撑还远远不够，还必须有过硬的专兼职教师队伍来从事这项工作。眼下着重通过各级相关学术团体、各级教育行政部门、研究机构，在全员进行中、短期培训的同时，主要侧重于上岗培训和实际操作培训。这类培训主要解决当前学校心理辅导教师基本技能问题，使其在短期内，适应学校心理健康教育的初步开展。

4. 教育部门应该和医疗卫生部门合作，尽早成立全市中学生心理危机干预公共转介平台。

与医院合作如签订中小学生心理危机预防与干预医校合作协议，请医院为中小学兼职心理咨询教师提供专业培训和督导并担任心理健康工作顾问，为中小学生心理危机个案开通转介诊疗绿色通道，定期进校园开展心理健康宣传活动等。与此同时，医院和学校还可以在心理危机预防与干预相关领域加大合作，进一步加强中小学生群体心理危机的研究，探索中小学生心理危机预防与干预的有效手段，创新中小学生心理健康教育与危机干预体系的新模式。

## 心理效应：基于心理效应的中职课堂教学策略研究

2018年全国职业教育与继续教育工作会议强调"抓质量，聚焦提高学生职业素养"。2019年中共中央、国务院发布《中国教育现代化2035》明确提出以促进公平和提高质量为职业教育的时代主题。

但中职学校的生源主要来自普高升学的落榜生，他们多数因文化基础不好而自暴自弃，学习上消极懈怠，进步极为缓慢。调查发现，43%的学生因被迫或听从家庭意愿就读中职学校，25%的学生想学一技之长，喜欢读中职；

54%的学生因家长的意愿选择现学专业，23%的学生目的明确地喜欢所学的专业。大多数中职生是为了服从家长意愿而就读和选择专业的，自身没有学习动机。学习动机的缺位让学生失去了学习动力，提高教学质量首先就要从学习动机入手研究。专家认为："学生的学习动机是多种心理因素共同合力的结果。"从学生学习心理分析入手，寻找解决问题的办法。

### 一、学生学习动机与习得性无助心理

美国心理学家塞利格曼用狗做了一项经典实验：先把小狗关在笼子里，只要按响蜂音器，就给小狗以电击让其难受。小狗因关在笼子里无法逃避，多次实验后，只要蜂音器一响，即使没有电击，把笼门打开，小狗不仅不逃，还倒地呻吟和颤抖；它本可以主动避让，却绝望地等着痛苦的来临。孩子的天性是积极的，喜欢探索尝试，但如果每一次尝试都被成人呵斥，如"错了""不准""危险""不要"时，他就像小狗被电击一般，慢慢对自己要做的事情没有信心了，失去了探索尝试的欲望，陷入习得性无助心理状态。

习得性无助是指因不断的失败或惩戒而形成的一种对现实无望的消极心理状态，是动机丧失的重要原因。本地中考总分为 800 分，而中职生入学的分数大部分在 400 分左右，还有初中辍学没分数的。这些学生过去在以选拔为主导的应试教育中，历经教师、家长的批评和指责而产生习得性无助心理，自暴自弃，不求上进。学生的学习心理问题还当从心理疏导入手来解决，但当前中职教育对此重视程度不够，在运用心理效应刺激学生学习动机上的尝试还不多，以致教学效率长期无法有效提高。

心理效应是心理学研究的重要内容，是社会生活当中较常见的心理现象和规律，是某种人物或事物的行为或作用，引起其他人物或事物产生相应变化的因果反应或连锁反应。同任何事一样，它具有积极与消极两方面的意义。教育工作者着重研究的是如何发挥心理效应的积极作用。

### 二、24 个心理效应在中职课堂教学上的应用

根据中职生学习心理特点，在教学的目标设计、内容安排、过程和拓展中有机运用心理学效应以营造学习气氛、改善师生关系、培养学生学习信心、

化解教学危机，达到提高学习效率的目的。

(一) 改变自卑心理，重塑学习自信

1. 名人效应，帮学生寻找自我

名人效应，是指名人形成的吸引、强化和辐射的效应，或是人们喜欢模仿名人的心理现象的总称。当代名人效应在学习和生活等方方面面都产生了深远的影响。如广告热衷于用名人效应把人们对名人的喜欢、信任和模仿转嫁到产品上。

一方面，学业失败让中职生丧失学习动机；另一方面，他们又在"追星"中寻找精神寄托。抓住学生这种心理特点，选择相关的名人成长故事有机融入学科教学，帮助他们将注意力聚焦到学业上，看清明星奋斗的真相，认识自我的发展潜能，重新做好职业生涯规划。

2. 榜样效应，让学生汲取力量

榜样效应，是指具有代表性的先进人物会成为人们学习、模仿的榜样，可以激励人们有意识地做自我形象管理，在思想、行为等方面朝着积极、向上的轨道发展。

中职生年龄尚小，自我了解和自我发展方向较为模糊，缺乏做出形象转变的动机和方向；但他们的潜力和可塑性都很大。教师可以通过宣传学校、班级中的佼佼者作为他们最贴近的榜样，帮助他们塑造自信、乐观、勇敢的自我形象。

3. 软化效应，建绿色生态空间

软化效应，是指宽松、舒适的绿色环境能让人心情安宁、平静，利于焕发朝气和学习思考。

在学校环境越来越美的同时，教师要美化教室小环境。教室布置的简明、美观、雅致、整洁，师生衣着的朴素、大方、得体，教师教学语言的清晰、明快、温和，学生小组合作的轻松、愉悦、和谐等因素共同营造着绿色生态的学习环境，能起到滋润学生心灵的作用。学科教学中还可适时插一段轻音乐，播放一段小视频，讲述一个小故事调节学习节奏，缓解学习压力，软化学生的情感与行为，让学习变得愉快而有张弛。

(二) 改善师生关系，创建和谐氛围

1. 换位思考，时刻宽以待人

角色交换效应，是指站在别人的角度观察和思考问题。在社会交往中，人们因惯于以我为中心来对待他人，因而引发出许多矛盾冲突，甚至引发悲剧；如果人们都能将心比心地换位思考，许多矛盾就容易化解。

教师与学生因年龄、阅历、思想等不同，对待问题的态度和处理方法也不同，这样就容易产生矛盾，离心离德。因此，教师要从立德树人的培养目标出发，处处围绕学生的发展、从学生成长的角度换位思考，就容易走进学生心灵，共建民主和谐课堂。

2. 发现亮点，排除晕轮效应

晕轮效应，是指人们常依据最初印象决定总体看法，若对方被标上"好"标签，意识就被"好"的光环所笼罩；若对方被标上"坏"标签，意识就被"坏"的光环所笼罩；因而看不准对方的本真品质，造成以偏概全，不得全貌的弊端。

教师不能因中职生文化基础不好，就想当然地认为他们别的也不行，不要戴着有色眼镜看待学生，而要从"天生我材必有用"出发，用心观察、发现学生的长处，放眼学生未来发展，引导和帮助学生开发潜能，做学生成长的"贵人"。

3. 做自己人，走进学生心灵

自己人效应，是指在人们的交往中，若双方关系良好，双方都会更容易接受对方的某些观点、立场，甚至当对方提出难为情的要求时，也不轻易拒绝。

处于青春发育期的中职学生，逆反心理很强，他们常把教师放在管教自己的对立面，消极对待教师的观点和建议。因此，教师在教学管理上要民主、平等，多与学生沟通交流，通过温暖、细致的帮助让学生感觉"老师是自己人"，是学习进步的"伙伴"，心甘情愿地接受帮助，做到师生心往一处想，力往一处使，获得教育教学实效。

4. 好说好办，首次可亲可敬

首次效应，是指人们第一次接触新事物所留下的深刻印象，这种印象容易变成心理定式左右着人们的认识并难以改变，影响今后的态度。又称为第一印象。

"亲其师而信其道。"教师在第一节课上要给学生留下可亲、可信、可敬的第一印象。因此面对文化基础差、自卑感强的中职新生，先要嘘寒问暖，充分沟通交流，多给予关心和鼓励，在做好心理和情感上的铺垫之后，再切入专业课教学；要用最直观、最明白的方式让学生了解课程特点和学习意义，帮助他们描绘职业蓝图，规划成长路径，研究学习方法。让第一课在轻松愉快、充满希望的氛围中进行。

(三) 实施课堂改革，提高教学效率

1. 目标设置，还给学生选择权

霍布森选择效应，是指有意刁难对方，设套限制其选择权，是让对方没有选择余地的所谓"选择"。

以应试为目标的课堂教学容易导致教死书，爱灌输，影响了学生才智发挥。职业教育没有升学考试的压力，就可以踏实开展素质教育。课堂教学目标的设置完全能做到多元化，给学生有充裕的选择余地，实施"一切都为了学生""为了学生的一切"的发展式引导和评价，让学生在宽松的教学环境中充分展示自己的潜能，寻找"意外的惊喜"。

2. 内容安排，由易到难上台阶

登门槛效应，又称得寸进尺效应，是指一般情况下人们不愿意接受较高的要求，因为费时、费力又难以办到；相反，人们却乐意接受小而易完成的要求，办成了以后，会慢慢接受较大一些的要求。

中职学校在目标制定和教学内容的安排上要接地气，在充分调研的基础上遵从由简到繁、由易到难的原则，循序渐进地梯级上升；教师的导学、提问、作业设计等都需要将大问题分解成若干容易解决的小问题来进行，降低学习难度，保持学习探究的诱惑力。

3. 导课激趣，设疑解难全参与

参与效应，是指人在与自己相关的事情上都有参与欲，这种欲望如果得到满足，就会激发工作热忱，心甘情愿地付出心血和汗水；相反，他的积极性就会受到严重打击，极有可能产生心灰意冷的负面情绪，对工作就会缺乏热情。

中职生因缺少学习动机，会认为学习是为了满足教师的欲望而态度冷漠。因此，教师要联系学生学习与生活需要，让学生真正理解"为自己而学"，创造情境让他们作为"主角"深度参与到活动中，满足当家做主的参与欲，让"要他学"变成"他要学"，促使学生真学、爱学、乐学、会学。

4. 示范引领，十全九美有小错

犯错误效应，是指能力特强、毫无缺点的人给人有不安全和不真实的感觉，让人难以接纳和喜欢，下意识地保持距离，敬而远之或是敬而仰之。

在学生心目中，讲台上高高在上的教师是强势的，而自己处于弱势地位。教师在学术上当之无愧地高于学生，受人敬仰，但过于完美无缺则容易让学生窒息，由此拉开距离。所以，教师在自我形象塑造上不要过于"包装"自己，而要适当地"示错""示弱"，让偶尔的"瑕疵"赢得更多学生的亲近、信赖和喜爱。另外，在教学示范上更不需要完美，而要适当留一点"瑕疵"让学生发现，暗示学生"试错"是成功之本，不要患得患失，畏缩不前。

5. 探究指导，温暖信任有带头

（1）南风效应，激发学习热情

南风效应，源于法国作家拉·封丹写的寓言：北风和南风打赌，看谁的力量更大，他们比谁先把行人的大衣脱掉。结果是北风怎样强烈地吹，只能让行人因惧寒而把大衣越裹越紧；而南风仅仅轻轻拂动，就让人们热得敞开大衣。

中职学生多数存在习得性无助心理，学习自卑感很强，但他们也期待着自我价值被肯定，批评会让他们更自暴自弃，所以教师要宽容，多用温暖的关怀和鼓励激发他们的自信和勇气，用安慰和谅解给他们纠正错误的机会和力量。

(2) 罗森塔尔效应，唤醒沉睡潜能

罗森塔尔效应，是指每个人在生活中都会接受这样或那样的心理暗示，积极的暗示使人更加自信、自爱、自强，消极的暗示使人的心情受到压抑，行为会变得糟糕，甚至影响人的心理健康。

日常教学中，一些中职生表面上嘻嘻哈哈，对学习表现出无所谓的麻木态度，实际上是用"无所谓"当作"盾牌"来掩饰自己内心的紧张和恐惧感；事实上过去的挫折让他们的心理变得十分脆弱敏感，教师要善于寻找他们的亮点并贴上"你能干"的标签，给予积极的心理暗示，促使他努力克制焦虑、恐惧心态，勇敢面对困难、战胜困难，释放潜能。

(3) 从众效应，让学生"随大流"

从众效应，是指个体受到群体的影响而怀疑、改变自己的观点、判断和行为，愿意和他人保持一致。也就是通常人们所说的"随大流"。教学中有效利用"随大流"心理来统一思想行动，实现教学目标。

每个班级、每门学科都有几个优秀的学生，以他们为首又形成了一股奋发进取的学生群体，是班风、学风建设的正能量。因此教师要多鼓舞和激励他们，宣传造势，形成优良班风，引领、带动所有同学追求进步。

(4) 焦点效应，不负众人所望

焦点效应，是指人们过度关注自我，往往会把自己看作人群中的焦点，举手投足中过分在意他人对自己的关注程度。

日常教学中，很多教师的注意力只集中在少数表现突出的学生身上，因此形成教学管理和学科教学的"盲点"，变成"盲点"的学生因长期被忽视而失落和沮丧，久而久之就会意志消沉，不求上进。因此教师在班级管理和教学指导过程中，要关心、爱护全体学生，并让他们切实感受到这种关爱，在"焦点感"的满足中催化学习热情。

6. 作业巡视，放松心情有规有矩

（1）瓦伦达效应，不求完美无缺

瓦伦达效应，是指人自我要求过于完美，做事因患得患失导致心理负担过重，造成失败的结果。有些学生平时成绩很好，每到大考就发挥失常也是这种效应的表现。

我国自古就把写作当作"文字游戏"，把国画和书法当作"笔墨游戏"，甚至把对理想的追求称作"人生游戏"。教师也可以引导学生把学习探究活动当作按规则进行的"游戏"来做，让学生放下思想包袱，解除心理压力，轻松上阵，就容易做到思维畅达，发挥出色。

（2）马蝇效应，随时约法三章

马蝇效应，源于美国前总统林肯的故事，是说因一个马蝇的叮咬，让马精神抖擞地向前飞快奔跑，如同"鞭策"。

有些中职生因文化课基础薄弱而自暴自弃，他们课堂上无精打采，习惯于疏懒懈怠，每当遇到学习困难时就想逃避，这样难以取得进步。因此，教师要制定学科学习规则，约法三章，在约束中规范行为，通过适当施压鞭策学生，促使他们学习意志和行为向积极的方向转变。

（3）超限效应，切莫婆婆妈妈

超限效应，是指主方刺激过强、过久和过频繁，而引起客方心理烦躁、厌恶或反抗的心理现象。如父母在孩子犯错时一而再再而三地重复同样的批评，会导致孩子从愧疚不安发展为不耐烦直至反感、讨厌。有时被"逼急"了，还会出现"我偏这样，你有什么办法"的反抗行为。

中职生受到批评后，内心可能会产生失衡感，需要经过一段恢复平衡的过程，如果教师唠唠叨叨重复不停，就会让他们的心理失衡感加重，心情难以恢复平静，产生强烈的反感情绪和对抗心理。因此，教师善意的批评要把握好"度"，不要"婆婆妈妈"。

（4）搭便车效应，杜绝滥竽充数

搭便车效应，与成语故事"滥竽充数"相通，用在教学上则指个别学生在小组学习活动中无所作为，坐享其成；也指有些学生表面上积极，实际上不动脑筋不思考，在活动中没有真正发挥自己的作用。

所以，在小组合作学习中，教师不宜把大班简单地分成几个小组，而应该以三五人为一合作小组，明确组员的任务与责任，让每个人都有适合自己的事情做；教师要密切关注学情，把控学生活动过程，指导学生合作技巧，督促每个人完成任务，杜绝"滥竽充数"。

7. 教学评价，及时反馈有亮点

（1）反馈效应，知己知彼促学

反馈效应，是指学生因及时了解到自己的学习结果，进而调动了学习主动积极性，提高了学习效率。教师及时反馈学生的学习结果，会转化为学生继续努力的动力。

在学生探究学习活动中，教师从始至终都要专心观察学生表现，善于发现、诊断、引导和鼓励，及时给予学生信息反馈和有效指导；在课后作业的批改中，做到当天的事情当天毕，杜绝因延迟与拖拉损害学生的学习积极性。

（2）保龄球效应，睁一只眼取长

保龄球效应，是指赞赏能让人们身上的一个闪光点放大成为耀眼的光辉，并自觉地"挤掉"一些不良行为；而处罚不会让人简单地减少犯错的心思，甚至学会如何合理逃避处罚。

尺有所短，寸有所长。每个学生在学习表现上都有长处和不足，教师要学会"睁一只眼，闭一只眼"的教学艺术，"睁一只眼"发现长处予以肯定和激励，"闭眼"忽略短处，在"拉长教育"的赏识中让学生获得尊严和尊重，体验到进步的乐趣，培养学生积极乐观的人生态度和自信、自强的优秀品质。

8. 危机排除，智慧化解

（1）音叉效应，四两拨动千斤

音叉效应，是指做事关键在于是否抓住了要点，用智慧赢得效益，与"四两拨千斤"的意思相近。

中职学生中有的学习不认真却又爱表现自己，他们性格倔强，时常胡搅蛮缠、惹是生非，破坏教学秩序。教师打压只能激起他们强烈地反叛，事与愿违。如果抓住他们争强好胜又爱表现的心理特点，寻找他们作业中的亮点予以鼓励，将他们的注意力转移到学习中来，既能排除干扰又能变倔强为学习动力，一举两得。

（2）避雷针效应，风趣幽默智慧

避雷针效应，是指遇到特殊事件或是紧急情况时，善疏则通，能导必安。

中职学校里有些学生天生任性，课堂违纪以后不仅不认错，还理直气壮地狡辩，有时甚至反过来指责教师多管闲事。在这种情况下，教师如果不够冷静，针锋相对就会引起矛盾升级，破坏了教学秩序，有时甚至酿出教学事故来。

因此，教师遇到这种情况时必须宽容克制，冷静地用幽默的语言作为"避雷针"，用智慧化解危机。让自己和学生平息激动，回归理智，化干戈为玉帛，在新的基础上重拾默契，增进感情。

9. 课后拓展，角色变换做先生

角色效应，是指人们扮演什么角色，就会主动担当这方面的职责。人的角色的形成首先是建立在社会和他人对角色的期待上，期待形成角色塑造力，促使人们自我改变。

在课后作业的完成上，教师可以鼓励学生独立自主地学习，要像老师一样主动地研究、总结，甚至可以把学习所得制作成微课视频，用在下一次课堂上供同学分享。角色的反转，不仅能让学生提高学习的主动性，还能体验到为师者的责任与担当意识。

2019年9月，在对本校刚入学的两个社会文化艺术专业班的78名学生进行了学习兴趣的调查后，发现对文化课有兴趣的占21%，对专业课有兴趣的占36%，87%的学生对学习缺乏信心，情况不容乐观。为了提高学生学习的积极主动性，笔者在4个月的美术课教学过程中改革了教学策略，尽力发挥心理效应的动能作用，有目的、有计划地改变学生的学习动机和行为。学期结束，用 40 分钟命题剪纸创作进行检测，结果是 78 名学生中有 73 名表现优秀。由此印证了合理运用心理学效应在帮助学生摆脱"习得性无助心理"、强化学习动机以及提高学习兴趣上的作用。

### 三、小结

教育心理学的内容广泛，学生成长心理也复杂多变，这就需要我们在学习中不断提高理论素养，在工作中全面、深入地了解和研究学生，理论结合实际，不断探索和完善教学策略与教育规律，为有效提高职业教育质量，培养国家未来建设人才服务。

## 第二节　教学探究

### 基于有效教学的有趣美术教学新探

在美术课程改革深度推进的过程中，依然有不少中小学校受应试教育的制约，将美术课作为"副科"不予重视，导致美术教师在"一个人的战斗中"摆脱不了倦怠的困扰，"撞钟""放羊式"低效教学会让学生看不见学习效益，逐步丧失美术兴趣。

在2019年本市区县级美术现场课评比中，笔者听了39节，对学生作业的满意度不足20%。按说教师的参赛课在课前设计、现场展示上都十分卖力，但为什么结果不尽人意？除了少数教师的专业素养和能力水平欠缺外，主要原因是平时低效教学导致学生基础差，课堂上心有余而力不足。

为此，对本地近5年来上百名参加省、市、县各级教育主管部门举办的美术比赛的学生做了调查，85%以上参与校外美术培训，其创作能力显然非校内所培养。学生认为：校外教学认真有趣，能看得见自己的进步。他们是对学校美术课失去信任和兴趣，而转身投入校外美术学习中的。

美术是学校美育的重要载体，美术课的弱化也意味着美育工作的滞后，这显然违背了国家教育方针。2019年，中共中央、国务院在《关于深化教育教学改革全面提高义务教育质量的意见》中提出，要坚持"五育"并举，即全面发展素质教育，强化包含美育在内的"德、智、体、美、劳"的应有地位。在此背景中，教育部明确要求把美育工作从"软要求"变成"硬指标"。为此，国家美术课程标准研制组组长尹少淳教授指出：如何抓住历史的机遇，有效地实施美育，是教育工作者尤其是艺术教育工作者应该深入思考的问题。

美术教师应当积极行动起来，聚焦课堂教学的有效性研究。本文试图从有效教学的入口——有趣教学入手来探讨如何实现有效美术教学。

## 一、有趣教学可以促成有效教学

### （一）有趣教学提高学生参与度

什么是有效教学？研究者认为：从教师主导角度来看，指教师遵循教学活动的客观规律，以尽量少的时间、精力和物力投入，取得尽可能多的教学效果，从而实现特定的教学目标，满足社会和个人的教育价值需求。从学生主体的参与度来看，参与的人越多，参与的深度越深，参与者的自觉性越高，课堂教学的效果越好，有效性高目标达成度则高。参与度是考量有效教学的核心因素。

人格心理学家阿尔波特（Allport）认为人类有一种"自主性功能"，就是兴趣，兴趣是感情状态，而且处于动机的最深水平，它可以驱策人去行动。因此，人们在读书刊、听报告、看演出的时候，常用"趣味横生，引人入胜"这两个关联词来表示肯定与赞赏。"有趣"是激发学生积极参与的一个最直接的动因。

美术学科本体因有味、生动、富于变化而"有趣"，如果教师能充分挖掘其"趣"，则由教趣生成学趣，生成师生、生生的深入互动，生成活跃的认知思维，生成有效的目标达成度；而目标达成反作用于学习兴趣，进一步催生学生主动探究的行为，实现更有效的教学活动，由此循环反复，螺旋上升。

### （二）有趣与有效教学需要深度融合

核心素养时期，美术教学要围绕培养"全面发展的人"核心素养目标来进行，有趣教学不能等同于有效教学。一味追求"有趣"而脱离核心素养培养目标要求、脱离新课程改革方向的教学不一定有效。如教学目标不科学合理，片面追求技能技巧的教学；教学内容不符合学情需要，过于依赖书本的教学；教学方式以灌输为主，忽视学生主体作用的教学；教学评价单一，重结果轻过程的教学；教学手段落后，不善于运用信息技术增质提效的教学；课时安排缺少统筹规划，浪费宝贵时间等等。所以，有趣教学要在核心素养目标的框架内进行，既要有趣，又要有效。

**二、以趣促效的美术教学策略新探**

尹少淳教授说："我们希望未来的美术教学越来越有趣味，让我们的学生爱学、乐学。"爱学、乐学则标志着学生参与度、满意度和目标达成度高。美术教师可以摆脱社会不良环境的制约，发挥主导作用，在课前准备、趣味生成、师生互动、信息反馈、评价引导以及信息技术的运用上，用教学趣味点燃学情，促使学生爱学、乐学，提高教学的有效性。

（一）课前准备，学用结合的课程优化

我们要教活书，而不要教死书。这里的"活"是要求教师结合校情和学情对课程内容进行适当取舍，联系实际予以补充，既要以学待用，又要以用带学，以此提高学习的乐趣。

1. 合理取舍。各地美术教育发展水平不均衡，造成学生素养和能力参差不齐，教师有必要根据课标、校情和学情对教材内容进行合理取舍，剔除难度过大、缺少生活体验的，增加趣味性强、地方特色鲜明的，以激发学生学习积极性。如人美（安徽版）小学四年级上《工业风景线》一课，因乡村学生缺少对工业风景的观察，无法感受到其恢宏与壮观的气势，教学中可以将"工业风景"置换为贴近学生生活的采购年货、辞旧迎新等内容，学生方能有感而发、真情表达。我们还可以发挥乡村自然资源优势，在剪纸教学中添加"树叶雕刻"等有趣的内容，就地取材，节约成本，减轻农村学生经济负担。

2. 归纳整合。教材内容的编写自有法则，但教师还要根据学情对部分内容进行有机地归纳和整合，提高教学的实效性。如，中国画教学一直是中小学美术教学的短板，学校缺少专业教室、学生缺少必备画具造成教师上课草草应付，有的甚至"绕道而行"，直接撇开国画课。如果把人美版七年级下的

《中国画的笔墨情趣》《写意花卉》和八年级上的《中国山水画》《中国画的形式美》整合到一个学习单元进行教学，集中使用场地和工具材料，一气呵成，让学生有充分的学习、实践时间，领悟笔墨的趣味而产生探究欲望，就可避免蜻蜓点水式的低效教学。

我们还可以根据"国庆节""春节"等大型主题性活动需要，将相关课程内容以主题学习单元形式整合起来，让学生感悟学以致用的意义和价值，自然也增添了学习乐趣。如在疫情影响下的"停课不停学"线上教学活动中，我以"抗疫"为主题指导学生剪纸创作，引领学生融入了社会，表达了情感，学生创作了60多幅作品，有的还被《合肥晚报》《江淮晨报·肥东晨刊》等媒体选刊。

3. 前呼后应。在导课、结课和教学拓展的内容设置上，要突出趣味性。紧密联系学生学习兴趣和生活体验，运用信息技术等方法生动活泼地导入新课与课程拓展，不仅能够有效激发学生课堂参与学习的热情，还能引发他们走出课外深入探究，深层悟学。我县教师在人美版四年级上《生活日用品的联想》一课教学中，从儿童动画故事《牙刷家族》中截取1分钟视频导入新课，拟人化的牙刷、牙膏活泼可爱，渲染了课堂气氛，引发学生联想；结课时，要求学生运用网络免费Flash在线平台制作动画，激发了学生的创作欲望。该课被评为教育部"德育渗透精品课程"。

摒弃教条，有效整合、优化和创建适合学情、校情的美术课程，能够给美术教学注入新的生命和活力。

（二）融会贯通，知识综合的趣味生成

"核心素养时期的美术教育追求'智慧'，强调知识之间的综合联系。"教师可以利用自己的"杂学"，把语文、数学、音乐等其他学科以及生活知识有机渗透进美术课堂，帮助理解美术大概念，提高教学的趣味性。

1. 借词发挥。借用日常口语或流行语来解释美术概念，通俗易懂，生动形象。如借"高矮胖瘦"说明物体间的不同比例关系，借"前呼后拥"来比拟画面布局上的空间关系，借"左顾右盼"来说明物象的动势与呼应关系，借"得意忘形"来夸张中国大写意绘画的意象传神特征,借歌词"跟着感觉走"来引导学生对艺术直觉的把握,借歌词"该出手时就出手"来鼓励学生大胆创造。耳熟能详的词语让学生有亲切感,易于接受。

2. 深入浅出。利用生活经验帮助学生理解美术作品。如用湍急的水流比拟梵高油画作品中旋转笔触所释放的激情,用支离破碎、混乱不堪的爆炸现场比拟毕加索名作《格尔尼卡》中的造型特点与环境气氛,用"整容美容"来比喻创作后期的调整与完善,用"大长腿"的时装模特来比拟美术字"上紧下松"、挺拔俊秀的美感等。类比可以在生活体验与艺术实践中架设桥梁,启发学生联想,加深学生印象。

3. 触类旁通。综合多学科知识,加强学生的审美理解。如通过敲打轻、重、缓、急的节拍来对应美术作品中的点线面、黑白灰变化,帮助学生感悟美术作品中节奏与韵律之美;用"此时无声胜有声"来解释中国书画的留白,用作文的详略处理来比喻画面主次、虚实关系;用地理学科中环境气候影响来剖析我国古代南北山水画的风格形成与特色;用哲学思考来帮助学生理解令人眼花缭乱的当代观念艺术。把美术课上成"拼盘课",激活通感,增添趣味。

知识的综合应用和融会贯通是教师专业水平和文化素养的集中体现,它能化繁为简、化难为易,在动态的教学过程中灵活掌控,随机应变,即兴生成,必然会提高教学的趣味性和有效性。

(三) 多维互动,活泼有趣的主体展现

美术教学要"正确处理主导与主体的关系,实行启发式、讨论式教学,创设多维互动、多向交流的教学形式,把研究性学习引入课堂,让学生感受、理解知识的产生和发展过程,提高学生的积极性、主动性和参与程度"。教师在教学中要创造活泼有趣的互动形式,引导学生主动探究和交流。

1. 小鬼当家。借助心理学"角色效应"赋予学生主人翁的角色,往往更能激发他们主动担当和作为的热情。教师设计科学合理的导学案,翻转课堂,以小组或个体为主导引领全班同学的学习探究,让学生在主动探究过程中真正领悟学习认知的规律，提高终身学习能力。如人美版八年级上《徽州的老房子》的教学，让学生通过查阅资料了解徽州三雕的艺术特色与文化价值，课上扮演导游的角色面对"游客"来讲解，有趣、有用、有意义。

2. 抛砖引玉。心理学"犯错误效应"告诉我们，教师在示范过程中偶尔出错，给学生发现错误和纠正错误的机会，更能引起学生的兴趣；出错不必掩饰，甚至可以在重难点部分故意出点错，借以引起学生的重视，探究解决问题的办法。示范教学还可通过师生接力共同完成，让学生在探究学习中找到心理上的平衡点，突出学生学习主体作用。在《中国画的水墨情趣》一课教学中，教师故意用单一的焦墨演示，让学生发现并指出墨色单一的问题所在，突出和强调了水的作用。

3. 惹是生非。智慧的火花往往在思维的碰撞中闪现。在小组讨论、学生答问和作业评价中处处存在着"是"与"非"的问题，教师不急于给出答案，而应当审时度势，善于把机会留给学生，让他们充分发表自己的意见，明辨是非；还可让学生将错就错，在"错误"中展开想象进行再创造，变"非"为"是"，培养学生合作学习、审美判断和创造能力。一位学生在人美版六年级上《装饰画的黑白对比》课上，把人物画得偏小偏上，这显然不符合构图要求；有同学建议：在人的脚下添一座大山，命名为《会当凌绝顶》，这样不仅完善了构图，还赋予了画面新颖的创意。

在教师主导下，学生主体在师生、生生充满生趣的多维互动和多向交流中得到突出，教学有效性会随着学生主动参与的积极性递增。

（四）信息反馈，机趣幽默的评价指引

"机趣就是机智、机敏和天趣、风趣的合称。艺术家都是有机趣的人，艺术教育应该讲究机趣，学生感受到艺术的快乐才会热爱艺术。"信息反馈与评价指引是紧密联动的关系，教师善于观察和发现，及时捕捉来自学生的各种信息予以分析判断，把机趣的评价指引转化为有效的教学资源和动力。

1. 风言趣语。生动活泼的方言、小品、电视广告、歌词、网络语言等都可以借用到课堂上。如张同学发言精彩，教师立即肯定："一语中的，老师瞬间变成了你的粉丝。"李同学作业优秀，教师激情评价："厉害了我的哥，你的画水墨酣畅，送我收藏如何？"教师还可提起学生作业吆喝一圈："瞧一瞧、看一看，走过路过不要错过！"健康俏皮的语言，不仅能活跃气氛，还能够抹平代沟、沟通情感，拉近师生心理距离。

2. 巧化疑难。在学生遇到困难时，根据学情换位思考，用幽默的方式帮助学生释放心理压力。如学生作业因缺乏信心而停滞不前，教师鼓励："老师帮你打短工，看这样动一下是否更鲜活？"帮助学生走出困境；学生课堂作业失败了，教师勉励："失败是成功之母，敢出错就是英雄好汉！"鼓励学生走出失落情绪，在试错中总结经验，领悟学习真谛。

3. 医治惰性。学生疏懒懈怠时，难以接受教师的直接批评，如果教师以婉转的方式建议就有起效。如学生不带学具，教师说："你是勤俭节约的模范，要老师帮你买吗？"这样一说，学生就不好意思不带了。发现学生作业敷衍了事的，教师说："你代替老师在班里转一圈，评评谁的作业最用心。"师生换位，让学生在巡视交流中自我反思，促成良好学习习惯的养成。

4. 夸张激励。教师适度运用高度夸张的激励语言，可以鼓舞学生主动探究的意志。"你的剪纸如此精巧富有创意，非遗传人啊！""这张画构思新颖，构图独特，极品中的极品，绘画大师！"……夸张的评价能让学生印象深刻，感悟成就，在学习探究上更为自律、自励、自主和自强。

陶行知先生说："要用活的人去教活的人。"这里的"活"是指教师的机智灵活，它体现了民主、平等、和谐、快乐的教育思想，闪烁着教育智慧之光。

(五) 信息技术，新鲜快捷的教学运用

在教育信息化时代，利用网络和多媒体技术辅助教学已经成为"新常态"，课堂也因此多姿多彩，趣味无穷。

1. 情境创设。古希腊教育家苏格拉底善于在创设的问题情境中实施教育，即"产婆术"理论："我不以知识授予别人，而要做使知识自己产生的产婆。"他在问题情境创设中启迪学生，引领学生主动学习探究。教师根据教学需要，从海量的网络资源里精选图片、视频、音乐和动画等素材，制作微课视频，模拟生活场景，创设有趣的问题情境，引发学生的情感体验和联想，让学生在轻松愉快的学习中获得感悟和创造性的发挥。如利用多媒体技术，将360度全景摄影、3D、视频、声音、图片、设计等表现形式集中展示的数字博物馆，可以让美术欣赏实现前所未有的新的视觉传达与交融互动，学生身临其境，喜闻乐见。

2. 展示交流。信息时代给学生作品的展示和交流提供了广阔的空间。课内，利用"希沃"白板系统辅助教学，人板互动、同步投屏，方便快捷。课外，可以将学生作品装帧美化展出于师生群、校园网等，扩大交流和影响。我曾将本校一年一度的"魅力校园·精彩瞬间"学生优秀摄影作品展出于个人博客，后被中国教育新闻网推荐于网站首页，获得全国各地教师同行的赞许，学生因此很受鼓舞，信心倍增。

信息化教学突破了时空限制，以其资源丰富、形式多样、简便快捷、趣味性强等优点深受师生的青睐，为开展有效教学提供了无限可能。

皮格马利翁效应认为：心想能够事成，人们期望得到什么，只要充满自信去努力就容易得到。只要我们在日常学习、生活和工作中潜心学习，有意修为，就能厚积薄发，左右逢源，在有趣的教学中实现有效性教学的愿望。这对教师素养提出了更高的要求。

### 三、教师素养需要升级更新

尹少淳教授认为：课程改革近二十年来，美术教师们在对原课程标准的认识和理解上还存在"严重不足、相当不深入"的问题，新时代的美术课程要落实学科核心素养很难。的确，新时代对教师提出了新要求，不思进取、不爱学习、墨守成规的教师难以做到。因此，有趣和有效高度统一的教学，需要教师树立新目标，接纳新理念，储备新知识，掌握新方法，不断提高教学素养。

**（一）胸怀博爱，享受教育**

爱是教育的前提，美术教师只有内心充满对教育的爱、对学生的爱，才能焕发精神、充满热情，把职业与事业融为一体，殚精竭虑，敢为人先，任劳任怨。浙江省特级教师徐军正是因为爱，"读万卷书，行万里路"，在中华传统文化的研究上孜孜以求，用汗水和心血开发的《书——书籍装帧设计艺术》《怀袖雅物——折扇》《敦煌壁画》《中国古建筑——斗拱》《民间木版年画——朱仙镇年画》《宋瓷》《湖笔》等系列课程散发着醇厚、浓郁的传统文化艺趣，让学生接受心灵的熏陶和洗礼，为全国美术教师传统文化资源课程开发提供了典范。

（二）精于专业，广闻博览

跨界学习早已成为教师自我成长的共识。美术教师要勤于专业理论学习和创作实践，深谙学科精髓，引领学生在大概念中探寻小问题的解决途径，让教学游刃有余，评价点石成金；还要走出学科的狭小空间，关注生活，广闻博览，有效提升综合素养和教学水平，力求知识的融会贯通。天津市特级教师魏瑞江在《写生——我手的》示范课中，从勇敢的力量、人生的沧桑、漫画的夸张、招贴的主题以及艺术家一样的表达等等方面给学生作品以积极肯定的评价，丰富了写生课的内涵，提高了教学趣味和境界，这是魏老师多年倾心积累和苦心经营的结果。

（三）运筹帷幄，勇于创新

美术教师要深入研究课标和教材，围绕核心素养目标，根据校情、学情和生活需要对教材进行适当地归纳梳理、取舍增补，创造性地用好、用活教材。浙江师范大学美术学院硕士生导师、特级教师朱敬东教授在教育部重点课题"链式美术"研究中就十分注重"突破学习空间、重构学习内容、保证学习时间、延展学习平台、整合国家教材"等方面的实践，他们开发的课程内容博大精深，趣味十足，在全国产生了巨大影响。

（四）汲取经验，丰富语言

美术教师还要处处做个有心人，从图书杂志、相声小品、海派清口、幽默故事中借鉴语言技巧，做幽默风趣的人，便于在课堂上抓住契机，巧妙发挥，让教学语言变得生动活泼、妙趣横生。2013年4月，浙江省特级教师周信达在"浙派名师教学艺术展"的展示课中,借用了海派清口演员周立波"脱口秀"的语言风格,课堂上师生"打赌"猜谜、魔术游戏,师生互动欢快热烈,寓教于乐。

（五）乐观开朗，宽容豁达

教师要以"培养全面发展的人"为核心目标,以"立德树人"为根本任务,善于发现学生的长处,包容他们的不足,放眼学生未来发展；只有乐观豁达,才能在教学中谈笑风生,妙语连珠。2018年春,某教师在课堂上发现学生全神贯注地看漫画书,非常生气,夺了漫画书一顿训斥,导致孩子放学后离家出走,差点酿成事故；而另一位教师在看到学生看漫画时,幽默地说："我发现,有位同学的漫画书正在偷偷地看我。"机智幽默的点拨,让学生意识到自己的错误,也赢得了全体同学的尊敬和爱戴。

总之,美术教师必须马不停蹄地实现专业化成长,才能紧跟时代步伐,在新课程改革中有所作为。

### 四、小结

追求既有趣又有效的美术课堂教学,是每个教师和学生的愿景。要突破美术教学困境,真正做到因趣生效、以趣促效、趣效相融,让有趣教学变成有效教学的催化剂、学习探究的助推器,还需要我们立足于教育教学实践,不断学习借鉴中外已有成果,深入探索和研究,寻找多种可行的路径与方法。

# 以学习者为中心的中职生本美术教学路径探寻
—— 以特级教师魏瑞江的写生教学为例

中职教育因学生基础薄弱和难管难教,加之教师教学理念和教学方式的滞后,长期以师本、书本、考本为主的灌输式教学难以适应学生的发展需要。因此以学习者为中心,以学生未来发展为目标的生本课堂教学应该值得我们研究。

生本教育是以"一切为了学生，高度尊重学生，全面依靠学生"为核心理念。认为人的起点不是零，人与生俱来就自备其自身发展的全部资源，具有语言、思维、学习、创造的本能，因此热爱学习是学生生存发展的内在需要，潜力无限；教育者要珍惜利用和调动发挥学生可贵的原生动力资源，生成持久的动力机制，促进学生能力生长。

基于生本教育的课堂教学与师本、书本、考本的急功近利区别很大，它立足于学生动力资源，着眼于人的未来发展，让学生在渴盼成长所固有的生动、活泼、主动、自然、丰富的积累和感悟中取得学习进步。

这就要求我们改变教学理念，改革教学方式，关注学生的个性特点和审美需要，依据学习主体的实际能力和水平实施教学，为学生铺就健康发展的道路。从三个方面对教育部国培专家、生本教育践行者、天津市美术特级教师魏瑞江老师的《写生——我的手》一课教学进行剖析，再挖掘其成因，试图探寻有效、实效的生本教学路径。

**一、成就生本美术课堂的三个基本特征**

《写生——我的手》是魏瑞江老师应我工作室之邀来肥东县上的一堂示范课。借班上课本身就有挑战性，加之手的造型和结构十分复杂，授课对象又是基础薄弱的一年级学生，难度可想而知。但60多位听课教师普遍感觉亮点频出、教学容量和能量巨大。学生也十分满意——在课后调查中，学生说："第一次感觉到美术课这么有趣，自己这么能画。"学生的高获得感证实了生本教学所取得的成功。魏老师的课堂主要呈现以下三个生本教学的基本特征。

（一）顺势引导学生，培养学习信心

学生常因基础薄弱而自卑，导致低效教学普遍存在。魏老师有激发学生学习自信的法宝。

1. 心理疏导排障碍。魏老师善于读心。他非常熟悉和了解学生的学习心态，为帮助学生克服畏惧和紧张心理，从绘画起始就告诉学生"心情放松下来，绘画首先要调节心理"；在学生陷入学习困顿时，又及时告诉学生"你总想着画好，因为总想画好，影响了你的心情，而不是你没能力画好"。在疏导中帮助学生走出心理障碍。

2. 发现异趣送惊喜。魏老师从学生画的莫名黑块中发现了"反抗的感觉""表达的自由"和形式美的探究，把坏事变成了好事；他帮助学生从画得扭曲的手中找到漫画的"变形"美感，"以后如果你故意这么画，那就能成为漫画家"。扬长避短的引导让学生发现了学习价值，找到了学习成就感。

3. 肯定画法悟真理。一般美术教师都喜欢"指点"学生作业的缺点，容易挫伤学生积极性，而魏老师反其道而行之，把学生画错后的补笔与"很多艺术家就是这样学习"相提并论。他说："当他们觉得这条线不够准确的时候，在旁边再画一笔，而不像有的同学把它擦去。"用"像艺术家一样去创作"的高端思维启发学生，鼓舞学生。

4. 展示激励说自尊。学生羞于展示自己的作品，而魏老师把稀松平常的作业展示与美术馆展览同等看待。他说："很多画家把自己的作品送到美术馆让更多的人欣赏，这正是艺术家职业受人尊重的地方。"鼓励学生学会交流分享，培养敢于"面对"的"无畏"精神，寻找"受人尊重"的价值感，有效促进学生学习行为的改变。

魏老师善于仔细观察和发现，巧妙运用类比的方法从多个角度对学生进行引领和启发，帮助学生发现亮点，享受创作乐趣，培养学习热情和自信。

（二）围绕核心素养，教学生成长

魏老师的教学紧扣美术核心素养目标，用无处不在的智慧生成促成学生知识、情感与能力生长。

1. 图像识读看得真。魏老师在巡视指导中发现学生"开始时线条犹豫，但是自己观察得来的，所以越到后边画得越放松，尤其到衣服、手腕这一步，几条线越画越自信"。他敏锐地抓住学生作品"越画越放松""越画越自信"的表现特征和美感体验予以肯定。当看到学生在手指上画一颗闪闪发光的爱心时，就追问："是要表达喜欢？是要说明画画要用心的意思吗？"由此引申出"艺术是要解读的，解读了我们会明白是什么意思"。指引学生关注对视觉符号的观感和解读，形成图像识读能力。

2. 美术表现细指引。魏老师换位思考，对学生在绘画过程中"根据观察画的，笔尖还做了转动，完全有绘画意识"予以鼓励，面对学生"画第一个的时候不理想，然后画第二个，再画第三个"的"不断否定自己"的做法加以肯定，勉励学生尝试、分析、总结，在"试错"中逐步摸索绘画技巧，掌握学习规律。由表及里地分析道明了美术表现能力生长的成因。

3. 审美判断多角度。学生把几只手都画在画面最下方，造成构图下沉的"缺陷"，但魏老师却看出"与众不同""极有个性""有积极向上"的形式美，可以做成招贴设计。他从生活经验和审美判断入手，发掘绘画在主题、形式、情感等方面独特的审美价值，启发学生多元的审美价值观。

4. 引领创意破常规。魏老师从画错了却有"旋转的感觉"的手中找出新意，"错误是一个很伟大的推手"，鼓励学生"在错的时候也向艺术迈进了"。学生将大拇指画得过于粗大，魏老师说："所传递的感受与信息别具一格，如果参加比赛，把人的大拇指就画成这样，作品是极有个性的。"这种解读点石成金，闪烁着智慧的光芒，揭示了艺术创造的价值，开启了创意无限的大门。

国家美术新课程标准研制组组长、首都师范大学博士生导师尹少淳教授指出："美术课程目标的改变，美术教学方法'辄从之以移'……其关键是在问题情境中引导学生选择和获取知识，并学会解决问题，进而形成学科核心素养。"魏老师的课正是在每个学生的问题情境中不断抛出新问题，引领学生在探究发现和反思交流中解决问题，提高素养的。

（三）运用质性评价，指向未来发展

魏老师的发展性教学评价一直贯穿在整个教学过程中，极具启发作用。

1. 小处入手大处出。魏老师在巡视指导中善于用发展的眼光去发现和引领。他首先从学生绘画的细节上寻找亮点，如学生整只手画得一般，但"条线画得自然放松，能给其他同学一些启发""手指细微的变化都非常好，弧线掌握得也非常美"，从细微之处帮助学生走进角色，主动探究学习。

2. 因势利导识本真。学生感觉自己技法生疏，画得不完美，魏老师却认为是"可以参加展览，胜过我们任何临摹和抄袭，因为他是用自己的感觉表达自己的手""很多艺术家就是这样学习的"。作为资深画家，魏老师深谙美术创作规律，他"拨乱反正"，勉励学生去除顾虑，大胆表现。这样的评价，去伪存真，传道、授业、解惑。

3. 标签养正处处有。课堂如战场，士气决定成败。写生初期魏老师就循循善诱："我觉得我们班的同学非常棒，学习的感觉非常好，掌握得也非常快。"这三个看似笼统的"非常"，却润物细无声地给学生贴上"优秀"的标签，起到鼓舞士气的作用。写生中期和后期，他又因材施教，时有发现，生成50多个有针对性的赞许，激发所有学生勇于探究、勤于实践。

4. 歪打正着入新境。魏老师发现一个学生愧于仅画出一个手指，就说："艺术的表达有时候是意犹未尽，有一个艺术家就画手指，而且他的画子有几米大，画得很有意思，有独特的意境。"这些在常人来看是缺陷和遗憾的绘画，通过魏老师的解读，醒脑提神，呈现出新的生命和意义。

魏老师以学习者为中心，将科学发展观融于教学评价体系里，评教结合，在评价中唤醒了学生学习热情和创作才情，引导着学生享受绘画表现的乐趣，指向学生未来发展。

成都师范学院陈实教授在四川听课后感慨说："魏老师的课可以用这么两个词来描述，那就是'顺势而导，育人无痕'……他无时无刻不在用心，无时无刻不在育人，无时无刻不在传播美术文化。整个课堂有着浓厚的育人氛围和艺术气场。"

"顺势而导，育人无恒"八个字是对魏瑞江老师以学生为中心的生本教学的三个基本特征的高度概括，也指明了中职美术教学改革发展的方向。

## 二、成就生本美术课堂的教师自我修炼

大音希声，大象无形。艺术的最高境界是自然而然，魏瑞江老师的生本课堂也彰显了教学艺术的至高境界。他的成功并非偶然，其背后潜藏着几十年的苦心修炼。我们可以从他所归纳的"三心""二意"的教育人生追求、"三观""四修"的教师成长观中找到答案。

1. 揣"三心"，满怀博爱

三心是指"一颗感恩心、一颗画家心、一颗教师心"。一颗感恩心是魏老师成就名师的原动力，正因为他心怀感恩，才能任劳任怨，以苦为乐，走上享受教育人生的至高境界。一颗画家心激励着他在专业创作上深入持久地学习和实践，形成专业理论和专业创作水平的不断提升，做到深刻把握专业精髓，教学上左右逢源，游刃有余。一颗教师心担负着祖国复兴的教育梦，承载着他的社会责任与担当，也指引着他奋斗的方向。三心，折射出魏老师爱学生、爱学习、爱工作，总之是爱国家、爱社会的博爱情怀。

2. 怀"二意"，立志高远

二意是指"在教学工作、学习生活、艺术创作上有创意，所以教育人生有意义"。魏老师立志高远，他不甘于平平常常的教学、平平淡淡的生活和普普通通的艺术创作，勇于挑战自己、挑战学术难题、挑战教学困境，在教学、教研上不断创新。他不辞劳顿，动中求静，走南闯北授课，传播理念、传授经验、传递精神，辐射正能量，让教育生活丰盈充实，创意无限。他从西方水彩画跨越到城市派中国画的创作，扎根文化传统，中西合璧，形成个人独特的艺术风格。二意，成就了他教育探索的意义和价值。

3. 建"三观"，立德树人

魏老师的"三观"包含"立德树人、以美育人的教育观""基于情境、源于问题、关注经验和强调探究的教学观""建立基于促进学生学业发展的科学评价观"。他引导学生在活动中发现生活与艺术品中美的元素，体验审美与创造美的快乐，让学生在美中滋润心灵、丰富情感、陶冶情操，提升美术素养，提高生活品质。教学上，他善于创造问题情境，让学生联系学生生活体验选择、获取知识来探究问题、解决问题，促使他们潜力得到最大的发挥。他立足于学科基础和学生未来发展的多元化、多样化的教学评价，客观科学，在启发、引领和激励中有效促进了学生学习方式的转变。

4. 沉"四修"，厚积薄发

魏瑞江老师提出美术教师专业化成长要注重"修理""修艺""修心"

"修德",这正是他成功经验的总结。修理,不断研修教育理论,更新教育理念,让教学立足于核心素养目标,真正提升课堂教学境界。修艺,勤奋创作,感悟深刻,能够洞悉学科本真,化繁为简,化难为易,将美术上的"大概念"分解为诸多"小问题"引导学生去探究,以美育人。修心,沉下心教书、静下心育人,在教学、教研、创作等探索过程中养心,形成了积极健康、乐观向上的工作态度和人生价值观。修德,"走百校,上百课"、著书立说、办画展、开讲座,为人师表,严于治学,乐于奉献,厚积薄发。

魏老师说:"我用20年做画家,要用一辈子做教育家。"他的教学沉淀着高尚的教育情怀、远大的教育理想、执着的教育追求、宽阔的学术视野、深厚的专业修养和丰富的实践经验,是我们学习的典范。

魏瑞江老师给我们的启示是:以学生为中心的生本教学需要教师不忘初心,勇于担当,不断提升自身素养和水平,用执着的教育情怀和高超的教学艺术引领学生热爱学习探究,发现自身潜力,成就人才培养。

## 第三节  教学创新

### 中职社会文化艺术专业《简笔画》教学创新策略

**一、现状和困局**

简笔画分为教学简笔画和启蒙简笔画两种类型，都是运用简练的程式化方式表现物象主要特征的绘画类型，包含线描、色彩等多种形式。教育部职业与成人教育司推荐的中职幼教美术教材《简笔画》（2005年版）属于应用工具性质的简笔画教学。

根据对本市10多所中职学校社会文化艺术班幼教方向的《简笔画》课程教学做的调查，发现70%以上的教师以书为本，因循守旧，提倡学生抄袭、复制简笔画；20%以上的教师以生为本，提倡学生参考简笔画自由发挥，但因无章可循，无法可依，学生依旧难以摆脱书本束缚，创新乏力；只有不到10%的教师能够将书本、生本有机结合，引导学生成功地进行创意表达。可见，大部分简笔画教学与素质教育的核心——创新教育相悖，抄袭、复制式简笔画教学限制着学生的观察力、感知力、想象力和创造力的发挥，使学生产生倦怠的学习情绪，影响了教学的有效性，矮化了简笔画教学的价值和意义。

在遵从教育部颁发的课程标准的前提下，从学习迁移视角来探讨《简笔画》教学的创新与拓展，既能适应培养创新人才的新时代需要，又能提高教学的趣味性和丰富性，大幅度提高美术教育质量。

**二、学习零迁移、负迁移和正迁移**

学习迁移也称训练迁移，是一种学习对另一种学习的影响。现代认知心理学认为，学习者在进行迁移前所掌握的知识叫作源知识，学习者将要学习的新知识叫作目标知识，如果学习者将源知识运用到了目标知识的学习，或阻碍、或促进了学习，我们就说发生了迁移；学习迁移包含正迁移、负迁移和零迁移三个基本性质。停留于抄袭、复制状态的简笔画教学，是将简笔画作为学生学习的终极目标孤立起来，画地为牢，造成系统知识链断节，新知识无法再生，本质上是学习零迁移。

零迁移是指两种学习间不存在直接的相互影响。许多经验间存在着各种直接或间接的关系，但由于多种原因，个体未能意识到经验间的内在联系，不能主动地进行迁移，使某些经验处于惰性状态，表现为零迁移。当简笔画源知识在学生的大脑中处于"沉睡"状态时，源知识变成死知识，无法与目标知识活性对接，导致目标知识的学习每每从零开始，白白浪费学生大量宝贵的时间和精力。

负迁移是指两种学习之间的相互干扰、阻碍。记忆和模仿是人类在长期进化过程中逐步形成的生存本能需要，已经深植于遗传基因之中，而简笔画简明的形象特点让人印象深刻，所形成的鲜明记忆很容易屏蔽学生在目标知识学习活动中的观察、感知、想象和创造，产生负迁移作用，抑制了想象创造的生长，致使孩子离开示范画就无法独立创作，好处不多，害处不小。

总之，抄袭、复制式简笔画教学因受零迁移和负迁移的作用而固化，失去了活性，阻碍着学生新知识的学习和创造力的培养。这一现象过去很少引起我们重视。

我们把目光放到正迁移上来，它是指一种学习对另一种学习起到积极的铺垫和促进作用，表现在个体对于新学习或解决某一问题具有积极的心理准备状态，从事某一活动所需的时间或练习次数减少，学习效率提高。如学生通过简笔画的学习可以提高图案造型能力，继而通过图案的学习掌握装饰表现方法，有益于装饰画和剪纸的学习。如果我们将简笔画与相关科目进行整合与重构，在教学中把简笔画设定为源知识，让它与预设的各项新课程目标知识成功对接，以此摆脱零迁移和负迁移的影响，就可以实现举一反三的思维发散，提高学生的审美素养和艺术创造力。因此，激活正迁移是简笔画教学革除旧弊、化茧成蝶的出路所在。

**三、运用学习正迁移实现简笔画教学创新的路径**

如上所述，创造宽松的教学情境，在知识重构中把简笔画作为源知识定性于基础训练的工具性质，再给学生提供对应的目标知识，让其发生正迁移，可以提升简笔画学习的价值和意义，降低目标知识的学习难度，节约时间成本，促成教学创新。

1. 改变理念，提高教学境界

随着教育的变革，课堂教学目标已从"双基（基本知识、基本技能）"变为"三维（知识与技能，过程与方法，情感、态度与价值观）"，再走进"核心素养"新时代，它承担着"立德树人"的重要使命。但简笔画临摹教学仍然停留在20多年前"双基"时期，早已不适应社会发展要求，因此美术教师的教育理念和教学方式必须升级更新，要围绕"图像识读，审美判断，美术表现，创意实践和文化认同"等核心能力培养来进行，要以教师为主导、学生为主体开展生动活泼、形式多样的教学活动。

2. 改变自己，提高业务素养

国家新课程美术标准研制组核心成员、上海师范大学硕士生导师王大根教授对核心素养时期的美术教师核心素养提出新的要求："不仅要有系统的美术知识和理论，同时要具备相当水平的'运用迁移'的美术实践和创作能力。"只有教师的核心素养提高了，才能在帮助学生持续理解美术"大概念"的过程中设计出有价值的"基本问题"与各种具体的"小问题"。美术学科包含绘画、雕塑、设计、建筑、多媒体、书法、摄影等多种科目，其中每种科目又派生出无数子科目，如绘画包含中国画、油画、版画、装饰画等，中国画又包含花鸟、山水、人物等，美术教师不可能门门精通，面面俱到，但必须一专多能，以求洞悉学科精髓，打通各科目间的筋脉，设计有效的问题情境，让教和学在跨科目的知识迁移中游刃有余。

3. 改变思路，提高学生创造力

死守教条是死路一条。要变，变则通，通则达，达则成。

（1）变造型，让形象活起来。教师在教学过程中，要引导学生观察生活，破除惯性"求同"心理，启迪创新"求变"思维，通过正迁移实现再创造，即变形态、变大小、变动作、变色彩、变组合、变创意，以此来克服惰性，唤醒创造性，丰富艺术性，赋予简笔画新的艺术生命。

例如，学生学会了"猫"的图式后，教师再提供丰富的视频、图片资料让学生观察，鼓励他们抓住猫的尖耳朵、多胡须、长尾巴的基本特征以"本"求变：增肥，变成憨态可掬的大肥猫；减肥，变成骨瘦如柴的流浪猫；改变四肢的动作，让其奔跑跳跃，显得活泼顽皮；或是收拢四肢，显得慵懒倦怠，让人感觉其可爱；还可以改变神态、大小、方向、比例等。

（2）变立意，用简笔画讲故事。如孙悟空72般变化一样，学习正迁移为孤立的简笔画"单词"找到了诸多"同义词、近义词、反义词"，大大丰富了绘画语言表达的语汇，这时候就可以发挥联想，组词成句，连句成段，布局谋篇，在千变万化的形象组合中发挥创意，这样就能鼓励学生用简笔画记录生活感受，还可以给儿歌、古诗、童话故事配插图，在通感作用下进一步实现绘画向文字语言正迁移，以此表达思想情感，提高美术创造力。如给《兔子和乌龟赛跑》画插图，用简笔画形式介绍病毒预防知识等。

（3）变形式，让课程系统化。教育部美术课程标准研制组组长、首都师范大学博士生导师尹少淳教授说："未来以学科核心素养为本位的美术教学，其常态可能是主题单元式的。"简笔画易学、易记、易推广，属于系统知识建构中的基础内容，将其精炼、概括、夸张、变形等造型源知识灵活运用到其他科目的目标知识中，形成一个完整的单元化训练系统，这样就能在正迁移中解决目标知识"造型难"的问题。众所周知，在小学新课标"造型·表现""设计·应用""欣赏·评述""综合·探索"四个领域的学习中，学生创作的最大障碍就是造型能力的薄弱。假如教师在教学中把生动活泼的简笔画形象迁移到国画、版画、水粉画、卡通画、装饰画以及图案设计、剪纸、泥塑等各种美术形式的学习中，目标知识的学习就轻松多了。

**四、简笔画学习正迁移的单元化教学模型**

把简笔画和中小学四大美术学习领域的相关课程纳入一个学习训练系统中，把简笔画作为源知识，其他科目作为目标知识，让源知识与目标知识对接，可以形成以下基础模型。

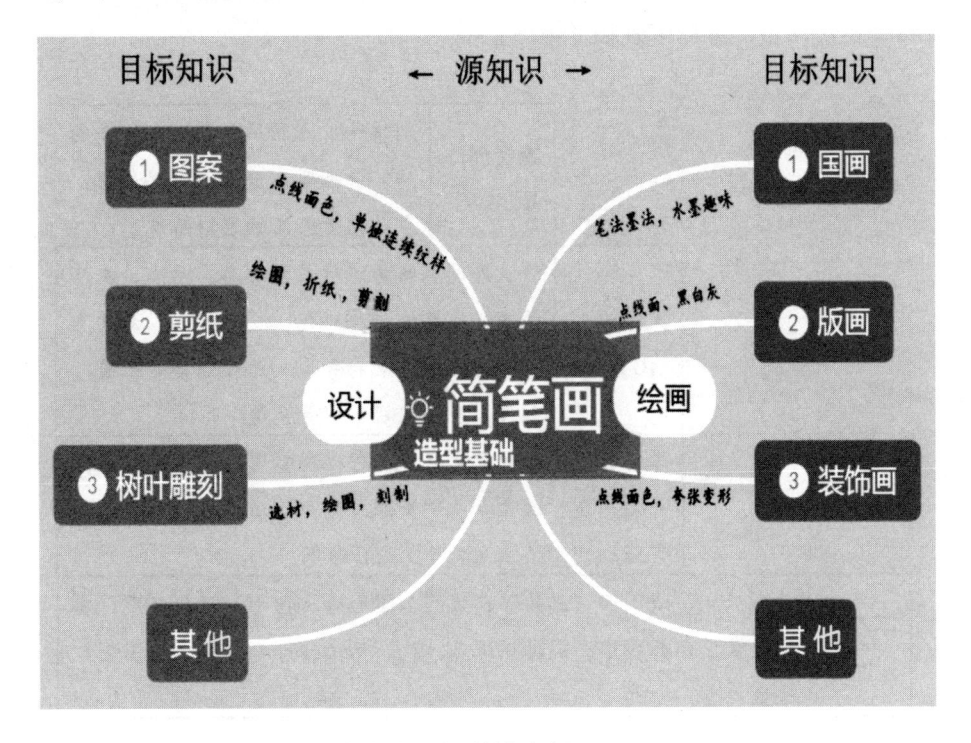

目标知识　← 源知识 →　目标知识

① 图案　　点线面色，单独连续纹样　　笔法墨法，水墨趣味　　① 国画

② 剪纸　　绘图，折纸，剪刻　　点线面、黑白灰　　② 版画

设计　💡 简笔画 造型基础　绘画

③ 树叶雕刻　　选材，绘图，刻制　　点线面色，夸张变形　　③ 装饰画

其他　　　其他

**五、简笔画学习正迁移的单元化训练案例**

中职教育社会文化艺术专业学前教育方向同样开设简笔画课程，这种课程与启蒙简笔画内容相似。为检验学习正迁移在创新教学中的可行性和实践价值，2019年下学期在本校两个刚入学的班级做了13周53课时的教学实验，学生数共80人，入学前除7人学过一段时间素描以外，其他学生绘画基础近

乎零，因此实验结果具有参考价值。

（一）树叶雕刻梯度训练

源知识：简笔画→目标知识：树叶雕刻

课时：8周32课时。

过程：1. 学习植物与动物简笔画；2. 依据学过的简笔画形象变化，添加、重组、创造新形象；3. 将创意图形绘制到树叶上进行雕刻。

策略：知识点对接，由简单到复杂，在造型能力逐步提高和雕刻手法逐步熟练之后，再进行命题创作，鼓励学生敢于想象创造，大胆表现个人情感和审美愿望。见训练梯度表和学生作业：

| | | |
|---|---|---|
| | 组合创作 12课时 | 动植物、人物风景等自由组合创作，鼓励学以致用，奇思妙想，表达热爱生活的思想感情。 |
| | 人物景观 10课时 | 吸收民间剪纸特点对人物形态、动态、表情等进行高度概括和夸张、变形处理，意向造型；将植物、动物和人物造型组合起来进行创作，表现主题和审美意趣。 |
| | 动物植物 6课时 | 学习植物、动物简笔画，抓住动植物形态、动态特点，并运用图案造型和民间剪纸造型原理进行概括、提炼、夸张、变形，画到树叶上进行雕刻。 |
| 基本型 4课时 | | 首先从点、线、面（三角形、方形、圆形等几何形）开始练习，由简到繁，由易到难；同时训练点、线、面的组合与装饰，提高图案造型能力。 |

（二）团花剪纸梯度训练

源知识：简笔画→目标知识：团花剪纸

课时：5周20课时。

过程：1. 简笔画变身图案；2. 剪纸基础训练；3. 剪纸创作训练。

策略：知识点对接，先简后繁，先临摹后创作。

树叶雕刻的经历让学生掌握了剪刻技巧，在造型和形式表现上更有信心和耐心，结合剪纸的装饰造型特点以后，学生创作团花剪纸就显得得心应手，在整体布局、造型特征、装饰美感等方面日趋完美，刀法也逐渐成熟，这项训练从临摹到模仿性创作，最后是独立创作。见训练梯度表和学生作业：

| | | |
|---|---|---|
| | 剪纸创作系列 8课时 | 团花自由图案、团花主题性创作、民间剪纸练习、主题性创作。 |
| | 剪纸基础训练 8课时 | 设计制作团花点、线、面组合，团花植物、动物组合，团花人物及动植物组合，团花综合性组合等，循序渐进。 |
| 简笔画变身图案 4课时 | | 由单线改为双勾线，恰当处理点、线、面之间的连接关系和画面黑、白、灰关系等形式要素，学会立意和主题的表达。 |

过去，中职社会文化艺术班都是按教材的单元设计要求来训练，内容单一，学生兴趣不高。这学期采取简笔画"1+X"的综合性单元训练后，学生学得有趣、有用、有意义。从实验结果来看，学生的学习能力提高较快，兴趣也越来越高，尤其是她们在学习中锻炼了耐心和意志，享受了创造的乐趣，为以后的美术课学习做好了良好的铺垫。

在举国上下、万众一心的抗"疫"初期，我利用班级微信群进行在线指导，鼓励学生积极融入社会，通过剪纸创作来表达对奋战在一线的抗"疫"英雄的致敬。学生因此创作了几十幅作品。《合肥晚报》做了报道，《江淮晨报·肥东晨刊》也刊载了学生作品。学生在创作活动中接受了爱国主义思想和情感的洗礼，更加明确了学习的价值和意义，进一步激发了学习的主动性，收获满满。

**六、小结**

陶行知先生在《创造教育》中说过："我们要活的书，不要死的书；要真的书，不要假的书；要动的书，不要静的书；要用的书，不要读的书。"利用学习正迁移进行创造性表现的简笔画"1+X"教学策略，能够开拓学习创新之路，有效提升中职学校艺术教育质量，对美术文化的普及和创新型人才培养十分有利。它既适用于中高职学前教育专业美术课程的学习，也适用于校内外少年儿童的美术培训。当然，在指向核心素养目标的教学过程中，我们不能仅停留于美术"小技能""小技巧"的探究，而应立足学科大概念，让简笔画学习正迁移行走在各种"基本问题"和"小问题"的持续理解的大道上，让美术学科核心素养落地生根。这需要我们在实践中持续研究和思考，不断发现和解决问题。

## 第四节　团队建设

### 基于行动研究的"13·3"美术名师工作室运作方略

#### 一、背景

美术新课程改革以来，我国中部地区学校美术教育质量一直难以提升，除了应试教育影响下美术学科被边缘化以外，美术教师专业素养偏低是主要原因。

2013年，合肥师范学院孙志宜教授在对合肥市美术教师教学方式和教学质量的调查中发现：在教师课堂教学方式上，以讲授为主的占49%，以辅导为主的占16%，讲解和辅导相结合的占33%，而以启发引导为主的仅占2%；在教师课堂教学效果自评上，认为"比较好"的占20%，认为"一般"的占43%。结论是：合肥市美术教师在教育观念、教学态度和教学方式等方面还比较落后，美术教师业务素养和专业素养很难适应新课程改革和教育质量提升工程的要求。

值得庆幸的是，2014年3月，合肥市出台《合肥市义务教育"三大提升工程"实施方案》，全力打造合肥市义务教育均衡发展的"升级版"，建立"市级、县（市）区级、校级三级名师工作室网络"，促进教师合作互助、协作式学习，提高教师教学科研能力和学校教育质量。2014年9月，合肥市启动了名师工作室的建设工作，首批选拔 10 个中小学名师工作室的领衔名师，开启了一条优秀教师培养新路。

**二、开展美术名师工作室建设的行动研究**

此前，北上广和江浙一带各学科名师工作室的成立，在名师的示范、引领、辐射和指导下，实现资源共享、全体教师快速提升工程上效益明显，打造了一批师德、造诣和业务上的骨干。但是，人们发现名师工作室在运作过程中也存在着诸多问题，如规章制度执行乏力，活动计划落实不到位；活动开展针对性不强，难以取得实效；教师自我发展动力不足，成长脚步缓慢等瓶颈问题需要解决。

名师工作室作为培养优秀教师的平台，如何汲取教育发达地区美术名师工作室建设的成功经验，弥补其不足，边实践、边研究，探索一条适合本地美术名师工作室高效运作之路，加快培养出一批美术教育上的骨干力量，引领全体美术教师走上专业化发展的快车道正是当务之急。

我有幸于 2015 年和 2017 年分别被聘为肥东县和合肥市首个美术名师工作室领衔人，从工作室成立之初便着手工作室建设和发展的研究，探索其建设特点，厘清运行规律，试图突破瓶颈，在高效运作中发挥引领、辐射、带动和指导作用，有效促进美术教师的专业化成长；2019 年 12 月完成工作室工作使命，有关研究暂告一段落。试将五年来主要工作和成效概括如下：

| 1. 美术教学研究 ||||
|---|---|---|---|
| 活动 | 地点 | 内容 | 成效 |
| 静下心读专著 | 工作室 | 阅读 40 多本教育教学著作，并写读后感 | 开阔教育视野 转换教学理念 提升精神境界 提高综合素养 学习先进经验 深度问诊课堂 探索课改路径 |
| 走出去读名家 | 安徽师范大学、杭州师范大学、合肥、福州、重庆、北京 | 尹少淳教授、王大根教授讲座，安徽美术教育大会，全国美术课堂发展观摩会，全国美术课现场大赛观摩研讨会，中国教育学会论文写作培训，肥东县课题研究专题培训等 10 余次 | |

**续表**

| 1. 美术教学研究 ||||
|---|---|---|---|
| 活动 | 地点 | 内容 | 成效 |
| 请进来读名师 | 合肥55中、肥东六中、合肥通校 | 微课专题培训，特级教师徐军（菰城印象——湖笔文化探寻）示范课与讲座、徐军"名师读书分享会"、特级教师魏瑞江示范课《写生——我的手》和教师成长讲座、余洋、朱德义教授课题论证与指导、名师梁恕俭创生教学示范课与讲座等6次 | 开阔教育视野 转换教学理念 提升精神境界 提高综合素养 学习先进经验 深度问诊课堂 探索课改路径 |
| 沉下心读课堂 | 肥东学校、肥西学校、合肥市区学校 | 市小美基地送培送教研讨、与肥西美术名师工作室交流研讨、市美育专题研讨、市小学美术课评比观摩等20余次 | |

| 2. 专业创作研究 ||||
|---|---|---|---|
| 活动 | 地点 | 内容 | 成效 |
| 写生 | 长临河古镇、皖南宏村等 | 风景写生2次 | 提高写生能力 交流创作经验 展示艺术才华 激励创作热情 |
| 学习 | 合肥五中、合肥通校、肥东古城学校、久留米美术馆 | 市美术基本功创作指导、版画学习、陶艺制作等5次 | |
| 参展 | 合肥通校、肥东六中、亚明美术馆、赖少奇美术馆、久留米美术馆、香港九龙、安徽省美协 | 王卉手工作品展，工作室和全县美术教师作品展，合肥市美术教师作品展评，合肥市美术骨干教师作品展，香港合肥版画交流展，合肥市美术骨干教师十人展，第二届全省美术教师作品展等10余次 | |
| 参赛 | 安徽省公安厅、合肥45中、六安路小学、裕丰美术馆、合肥市政府阳光大厅 | 第七、八届美术教师基本功大赛，合肥市2016、2018、2019年职工文化艺术节绘画比赛，安徽省禁毒漫画大赛等8次 | |

续表

| 3. 阶段性成果 |||||||
|---|---|---|---|---|---|---|
| 教师教学 | 教师论文 | 教师创作 | 学生参赛 | 编写文集 | 教学成果 | 教师荣誉 |
| 全国奖4项<br>省级奖3项<br>市级奖4项 | 全国奖4项<br>省级奖3项<br>市级奖5项<br>发表16篇 | 省级奖3项<br>市级奖47项 | 全国奖15项<br>省级奖16项<br>市级奖48项 | 案例集<br>作文集<br>作品集<br>出版专著1册 | 安徽省教学成果评比一等奖、合肥市教育科研成果二等奖 | 省级表彰2人<br>市级表彰9人<br>县级表彰5人<br>县非遗传承人1人 |

| 4. 社会效益 |||||||
|---|---|---|---|---|---|---|
| 送教 | 送培 | 送展 | 分享 | 社团 || 成就 |
| 县级40次<br>市级5次 | 县级22次<br>市级9次<br>省级3次 | 县级5次<br>市级1次 | 《中国教育新闻网》推荐100多篇，市、县教师微信群推荐30多次 | 成员承担各校美术社团活动 || 尽力扩大引领、带动、辐射和指导作用 |

### 三、初步形成"13·3"美术名师工作室运作机制的模型

通过5年的实践与研究，工作室在本地区促进了一批美术教师专业化成长。我们同时总结出美术名师工作室"13·3"培养目标和运行机制模型，为基层美术名师工作室的建设提供参考。

1. 工作室成员发展目标

（1）怀揣"三心"，感恩心、名师心、美术心。社会是教师成长的摇篮，教室是教师耕种的粮田，百姓是教师的衣食父母。教师只有心怀感恩，才能激发回报社会、服务学生、自我成长的热情；名师心是教师追求的目标，也是成长的加油站，拥有名师心的教师才能发展得更快、更高，才能走得更远；美术心是教师专业化发展的基础保障，美术教师只有真正热爱艺术，不断追求艺术素养和能力水平的提升，才能高屋建瓴，传道、授业、解惑。"三心"是美术教师专业化发展的初心，不忘初心才能立志高远，励志前行，主动成

长；才能克服一切困难不断鞭策自己，在学习、实践和研究中取得长足进步和丰硕成果，实现自我价值和社会价值的有效发挥。

（2）建立"三观"，生本教育观、探究教学观、发展评价观。教师要围绕新时代核心素养培养目标，积极主动地学习专业理论，转变教学观念，改变教学方式，建立"生本教育观"，创造优良教学情境，深挖学生发展潜能；建立"探究教学观"，引领学生在学习探究活动中主动学习成长；建立"发展的评价观"，运用多元的教学评价体系激励和鼓舞学生，为学生未来的幸福与发展铺路搭桥。最终实现立德树人，培养全面发展的教育目标。

（3）做到"三能"，能上好课、能写好文章、能创作好作品。教师要不断提高教学素养和课堂教学能力，能上好优质课，在地区和学校起示范引领作用；要善于教学诊断、反思、总结和提炼，不断提高写作能力，做研究型教师；要热爱自己的艺术专业，不断提高专业写生和创作能力，做学生学习的表率。"三能"是美术教师专业化发展的能力保障。

（4）落实"三生"，尊重生命、关注生存、关联生活。教师要落实美术学科核心素养，关注全体学生，尊重生命个体差异，因材施教；要密切关注现实生活与课程内容的内在联系，教学力求关联现实生活，以用带学，最大限度地激发学生学习兴趣；要立足学生未来生存发展和生活幸福，关注学生身体健康，不急功近利，自觉维护教育绿色生态。落实"三生"教育是新时代核心素养育人观的需要。

（5）促进"三学"，引领自学、促进互学、培养乐学。教师发展的最终目标是为了促进学生的发展。教师要积极发挥主导作用，营造宽松的学习情境，充分调动学生主体的学习积极性，引领和帮助学生在自学中逐步领悟和掌握学习规律，在互学中感悟伙伴的温暖和团队合作的力量，在获得学习成就感的过程中发现学习的快乐，享受学习的过程，最终养成自主学习探究的优良习惯，为终身学习发展打好底色。

（6）乐于"三送"，送优质课、送专题讲座、送师生作品展。名师工作室的核心任务是培养一批有担当、有能力的骨干教师，带动整个地区的教师成长。因此，要有目标、有计划、有针对性地组织成员为薄弱和偏远地区送优质课、送专题讲座、送师生作品展，让"一朵云推动另一朵云"，让名师工作室的引领、带动、辐射和指导作用落到实处，为促进地区教育均衡发展出力。

2. 美术工作室运行机制

（1）保障"三通"，联系渠道通畅、交流平台通畅、辐射渠道通畅。工作室成立之初即相互保存电话号码，建立QQ群、微信群，保障联系渠道的畅通；入住云平台，建立微信公众号（含工作室网页），及时发布信息、汇集和宣传活动成果；与其他名师工作室和地区美术教师通过QQ群、微信群建立联系，与挂牌学校、基地学校协调好各种关系，实现广泛交流和辐射作用。

（2）引进"三名"，读懂名著、读懂名课、读懂名师。通过购买、借阅和订阅教育专著与报纸期刊，引领成员在阅读名著、名篇、名作中提高理论素养和精神境界；组织团队走出去参加全国教学研讨活动，聆听专家讲座，观摩名师教学；邀请名家、名师走进工作室，做示范课、办学术讲座，传经送宝，为工作室活动开展问诊把脉；开展横向联系，与其他名师工作室合作交流、互通有无。眼下，线上学术讲座和教学展示直播已成时尚，利用强大的网络资源进行线上学习，还可以节省经费开支和时间精力。

（3）实施"三抓"，抓课堂教学、抓项目规划、抓课题研究。在名师发展的引导和内部管理上，首先要抓课堂教学，要求成员深度问诊课堂，认真反思总结，大力提高课堂教学的有效性；领衔人要抓教师特长发挥，根据教师自身兴趣、特长以及所在地的文化资源特点，选择、规划、实施特色项目的探索和研究，卓有成效地开发校本课程；帮助和指导教师做好课题论证、申报、立项和研究工作，在学校资金、场地等支持下，取得课题研究成果和成效。

（4）参与"三赛"，教学比赛、论文比赛、创作比赛。以赛促学，以赛促练，以赛促进。在认真落实日常课堂教学研究和专业训练的基础上，积极组织和指导教师参加各级课堂教学比赛、教学论文比赛、美术基本功比赛和美术作品展评活动，通过选拔推荐的方式，激励教师充分准备，在过程中研究和提升，激发教师自我成长的热情，全力以赴地展示才华，检验学习研究质量，交流和分享成果。

（5）坚持"三看"，看活动数量、看成果质量、看辐射能量。为遏制疏懒懈怠行为，在名师工作室教师专业化发展的基础上，制定相对公正的量化积分细则，通过看数量、看质量、看辐射，对参与活动、读书和听课笔记、教学案例、教学论文的撰写和发表的数量进行量化积分，对送课、送讲座、送展览的质量和所影响的人数进行量化积分，对各类参赛获奖的含金量进行量化积分，在相对公平公正的基础上进行年度量化考核，表彰优秀教师，末位淘汰不合格教师。

（6）汇编"三集"，课例集、作文集、作品集。三年工作室考核验收之前做到颗粒归仓，对工作室成果进行精心选择、认真梳理，最终编辑汇集成册，形成创新性的、高质量的《教学案例集》《论文随笔集》和《师生美术作品集》，在挂牌学校、全县、全市乃至更大范围内实行交流，进一步扩大名师工作室引领、带动和辐射范围。

3."三则（责）"落实制度保障

（1）团队遵守规则。在工作室发展目标、行动规划、规章制度等落实以后，包含领衔人在内的所有成员必须严格遵守规章制度，做到言必信、行必果，切实保障各项活动的正常有效开展。

（2）领衔人以身作则。领衔人要乐于奉献，悉心关怀，热诚帮助，善于发现每个教师的特长，帮助他们量身定做个性发展规划，寻找合适的研究项目和课题；在教学、教研、创作等各方面充分发挥传、帮、带的作用，以身作则，真正起到学习成长带头人的作用。

（3）工作室团队人人尽责。工作室成员要心往一处想，力往一处使，分工协作，各尽所能，如负责教研组、创作组、报道组、后勤组的所有人员必须遵从活动计划，按时、主动积极地完成任务，做到各尽其责，保障工作机制的正常运行。

**四、几点思考**

目前，合肥市正在建设中的市级美术名师工作室共有 6 个，区县级 10 多个；合肥市首个美术名师工作室的运作行动研究成果"'13·3'美术名师工作室培养目标和运作机制模型"为各级名师工作室提供了经验参照和理性思考。

因时间限制和水平所限，我们研究的覆盖面还不够广，数据收集还不够全，思考还不够深入，理论体系的建构高度有待提升，期望在今后的实践中进一步寻找答案、解决问题，在教育教学行动中检验、完善和推广研究成果。

## 第五节　农村教育

### 核心素养目标下乡村美术教育的现状与思考

2016年首期教师资格认证国考结束后，我曾在中国教育报刊社《蒲公英评论》平台发表《谁来为艺术生补齐基础知识的短板?》一文，表达了对中小学美术教育现状的忧思：参加中小学美术教师面试的大多数考生虽然出自高等院校的美术设计专业，但是对中小学美术教材中出现的绘画、雕塑、书法等内容十分陌生，甚至连中国画基础知识都一无所知，从一个侧面揭示了我国（尤其是乡村）中小学美术教育近乎空白的状态。此文被"锐评"栏目推出，后转发于中国教育新闻网，并被今日头条、搜狐教育等多家媒体转载。

中小学美术教育的实质是对学生进行审美教育。它能使人心理健康，乐观向上，精神生活更充实、更丰富，从而增强审美素养，树立健康的审美情趣，提高对真、善、美与假、丑、恶的辨别能力，陶冶道德情操。加强中小学校艺术教育是全面贯彻教育方针、全面实施素质教育的必然要求。教育部从2008年起陆续发布《教育部关于进一步加强中小学艺术教育的意见》（教体艺〔2008〕8号），《教育部关于推进学校艺术教育发展的若干意见》（教体艺〔2014〕1号），同时实施"义务教育阶段学校实施'体育、艺术2+1项目'方案"，并出台《中小学学生艺术素质评价标准》，2015年国务院办公厅在《关于全面加强和改进学校美育工作的意见》（国办发〔2015〕71号），不断加大推进艺术教育普及与发展的力度。十九大以来，党中央对艺术教育更是前所未有的重视。

然而，十年过去了，地方美术教育仍是整个教育事业中的薄弱环节，它的推进依然困难重重，主要原因是一些地方行政主管部门和学校对美术育人功能认识不到位，导致重应试轻素养、重比赛轻普及，应付、挤占、停上美术课的现象仍然存在；资源配置不达标，师资队伍仍然缺额较大，缺乏统筹整合的协同推进机制，具体表现为以下四个方面：

## 一、重视程度不够

首先，学校敷衍了事。学校（尤其是县镇、乡村学校）把音体美当作可有可无的"小三门"，课表明确标有美术课课时量，实际是年近退休的语、数、英教师兼职，只让学生自由活动，缺少必要的教学指导；有的被语文、数学、英语等主课占用，更有的干脆让学生自习，个别学校甚至取消了音乐课、美术课；课外，有的学校把艺术社团活动当作额外负担，不组织或少组织艺术活动；有的学校为了迎接检查组织了相关活动，但经费投入不够，活动时间不够，活动形式单一。其次，主管部门督查不力。教育主管部门要求不严，督查力度不足，不能走近学生、走进课堂进行实际调查，只看学校上报材料，客观上纵容了学校弄虚作假的行为。最后是教师重视不够。学校美术教育长期被边缘化，致使美术教师对自身的学科教学也失去了兴趣，不爱学习研究，上课得过且过，把主要精力放在校外培训上或个人创作上，把职业当作了"副业"。

## 二、师资力量薄弱

首先是教师缺额。虽然城市学校艺术教师相对集中，但各乡镇中心校艺术教师普遍短缺且分布不均衡，甚至一些乡镇中心校也严重缺乏美术教师。如2016年我市某县镇中心校学生数1130人，仅有一名美术教师兼职；某县镇中心校学生数1500多人，无美术教师专职；村小情况更严重，有的根本没有。在师资力量短缺的情况下，有的学校还把美术教师调整到语、数、英岗位，人为造成了专职教师缺额。其次是素质不高。近年来各市县在美术教师编制上也增加了指标，相继招编了一批毕业于高职或本科院校的新教师，但不少人学的是艺术设计专业，知识面狭窄，专业素质不高，艺术理论知识匮乏，艺术创作能力薄弱，更有学习中文、数学专业者为投机取巧考入美术教师队伍中来，加上青年教师入职后缺少系统性的业务培训，他们很难胜任岗位职责。

### 三、器材配备不齐

早在2002年，为了进一步加强美术教学，改善办学条件，落实教育部颁布的《全国学校艺术教育总体规划（2001—2010）》，适应社会经济发展的需要，教育部体育卫生与艺术教育司对1995年的原国家教委颁布的《全日制小学美术教学器材配备目录》进行修订，并参照《全日制义务教育美术课程标准》（实验稿）重新颁发，对中小学美术专用教室的器材设备各提出44项具体要求，但大多数学校至今没有安排专用教室，器材配备更不到位，低效教学难以避免。

### 四、展赛组织不力

各地举办的"中小学生文化艺术节"，看似大规模的艺术活动但并没有通过广泛的宣传动员让校校参与、人人参与来营造学校艺术氛围，调动广大师生的积极性；少数参展、参赛学生全靠老师点名参加，有的学生因长年参加变成了"参赛专业户"，且获奖学生也并非获益于校内美术教师的指导，他们的技艺多数是在校外培训机构所学，名不副实；赛后不举办展览展示活动，达不到互相学习交流的目的。因此艺术节活动影响面小，辐射范围不大，走过场、搞形式的现象严重。

在2018年9月召开的全国教育大会上，党中央再次强调要"培养德智体美劳全面发展的社会主义建设者和接班人""要全面加强和改进学校美育，坚持以美育人、以文化人，提高学生审美和人文素养"。为实现这些目标，基层教育主管部门和学校、教师要齐心协力，克服一切困难，用行动去落实。具体方法如下：

## 一、教育主管部门和学校要高度重视

针对学校美术课开设和教育质量检查，教育主管部门不能搞形式主义，不能走过场，要严格制定、落实相关管理制度和奖惩措施，广泛宣传发动，通过明察暗访来加大督查力度；要加大经费投入，完善设施，保障艺术课和艺术活动正常开展。学校领导应转变落后的教育观念，做到课表上下一个样，开足开齐美术课，通过制定奖惩办法调动艺术教师的积极性，真正把素质教育落到实处。

## 二、加快解决艺术教师结构性短缺的问题

人力资源部门要加大艺术教师配置比例，制定配齐艺术教师时间表，有计划、有步骤解决艺术教师结构性短缺问题；教育主管部门要加强区域内中小学艺术教师的统筹管理，不浪费教师资源；提高艺术教师待遇，增加合理补贴，做到待遇留人，增强对艺术教师的吸引力；加强对本地有特长教师的培训，考核合格后，将其转岗担任美术教师，以解燃眉之急；利用当地各种社会艺术资源，建立激励机制，采取"走教""支教""定点联系""对口辅导"等多种形式，解决农村学校美术教师短缺的矛盾；聘用代课教师，吸收有专长者为教学服务；利用城乡教师轮岗交流的契机，实现美术教学常态化；利用大学生顶岗实习，缓解美术教师短缺状况；支持社会各界有艺术专长的志愿者到农村支教；利用大中专院校定点培养，建立长效机制。

## 三、加强中小学美术教师的培训

加强国培脱岗学习和网络学习的监管和考核力度，保证学习质量，加快提高美术教师专业素质；增加中小学美术骨干教师培训基地送培送教次数，实现辐射作用最大化；县教师继续教育中心要在充分调研的基础上利用暑假举办针对性和实效性强的美术学科继续教育培训，不断提高美术教师业务素质；区域教研部门要相互联动，多举办教学交流和研讨活动，确保教学质量不断提升；利用美术学科名师工作室的创建，打造美术教师骨干，结对成长，实现地区辐射作用；加强校本培训的管理，创造条件督促和鼓励美术教师自我专业化成长。

**四、大力营造美术教育氛围**

中小学生文化艺术节是营造艺术教育氛围和检验成果的最佳时机，教育主管部门要制定详细规划和措施，加大发动、组织和宣传力度，做到层层落实、步步到位、人人参与；评比过程中要充分考虑到城乡差异、地区差异，实现城乡兼顾、公平评奖，重在激励；要投入必要的经费通过作品巡展、网展、出画册等方式来展示成果，激发学生的创造热情，让文化艺术节真正变成学校和学生文化艺术的狂欢节。

培养全面发展的人需要核心素养目标的落实，而美术学科的图像识读、美术表现、审美态度、创新能力、文化理解五大核心素养承载人文底蕴、科学精神、学会学习、健康生活、责任担当、实践创新等育人功能。改变未来人才培养质量，只有从基础美术教育抓起，任重而道远。

# 参考文献

[1] 王家源. 写好新时代职业教育与继续教育奋进之笔 [J]. 中国教育报. 2018-03-17.

[2] 孙雪林等. 中职学生学习能力现状调查分析及对策研究. [J]《现代职业教育》2018-23.

[3] 陈文静. 美育是心灵的润泽——专访首都师范大学美术学院教授尹少淳 [J]. 湖南教育（A版）2019-06-01.

[4] 肖健."四化"教学过程实现数学教学有效化 [J]. 科教文汇（下旬刊）. 2010-12-30.

[5] 于素梅. 核心素养培育背景下"乐动会"体育课堂建构 [J]. 体育学刊 2018-03-28.

[6] 王燕文. 开展地方美术教学，提升美术核心素养 [J. 高考 2016-03-01.

[7] 尹少淳. 美术核心素养大家谈 [M] 湖南：湖南美术出版社. 2018.

[8] 尹少淳. 美术好课之我见 [J]. 中国美术教育. 2007（5）.

[9] 尹少淳. 美术教师的机趣 [J/OL]. 小学美术学科远程培训简报. 2010（4）.

[10] 江达军. 语文课堂情境教学初探 [J]. 语文教学与研究. 2008-03-15.

[11] 李力加. 核心观念、问题导向的美术教学如何落实. 2018-03-30.

[12] 崔卫. 链式美术教育的不懈探索者［J］. 中国美术教育. 2017（2）.

[13] 张杨. 核心素养时代下美术教师的专业发展［J］《美与时代·美术学刊》2017.12.

[14] 李力加. 育人的美术课——魏瑞江老师诠释与奉献（二）［J/OL］.

[15］［16］尹少淳. 美术核心素养大家谈.［M］湖南：湖南美术出版社. 2018.

[17] 原创力文档《学习迁移》［EB/OL］.

[18］［19］圣才学习网·教育类《学习迁移的类型》［EB/OL］.

[20] 王大根. 以"基本问题"探索美术大概念.［J］中国美术教育. 2018.02.

[21] 李力加. 核心观念、问题导向的美术教学如何落实［EB/OL］.

[22] 航空趣闻《陶行知先生教育名言》［EB/OL］.

[23] 孙志宜董云. 合肥市初中美术教育现状研究.［J］. 包装世界. 2013.6.

[24] 石宣艳. 我市义务教育"三大提升工程"扎实推进. 合肥晚报. 2014.05.21.